Zu diesem Buch Fast alle Menschen neigen dazu, mehr oder weniger bewußt, Personen aus ihrer unmittelbaren Umwelt wie auch völlig Fremde zu beurteilen, sie innerhalb bestimmter Vorstellungen und Kategorien einzuordnen.

Einer der am häufigsten gebrauchten Wertmaßstäbe zur Beurteilung anderer ist die Intelligenz. – Dabei zeichnet sich diese Art des Urteils nicht selten durch Voreingenommenheit und schablonenhaftes Denken aus.

Völlig anders muß die Perspektive eines Lehrers oder Erziehers gegenüber einer solchen komplexen und hochdifferenzierten Problematik sein, will er die Intelligenz der ihm anvertrauten Kinder beurteilen. Von seinem Urteil über schulische Intelligenz hängt nicht selten das weitere Bildungsschicksal und darüber hinaus die spätere berufliche Karriere der Betroffenen ab.

Dieses Buch gibt Antwort auf die Fragen:

- Was ist Intelligenz?
- Worauf begründen sich unsere so leichtfertig dahingesagten Werturteile über mehr oder weniger «intelligente» Menschen?
- Worauf kann sich ein Lehrer berufen, der durch sein Urteil die Zukunft eines Schülers wesentlich beeinflußt?
- Warum wird ein Schüler, der das Pensum erfüllt, für «begabt» oder «intelligent» gehalten?
- Warum werden Kinder für «hochintelligent, oder stinkfaul» oder aber für «fleißig, doch wenig begabt» gehalten?

Anlagen Umwelt Erziehung

Intelligenz: was sie bedeutet, wie man sie mißt und fördert

von Ana M.ª Balmonte

rororo

Rowohlt

Titel der Originalausgabe: «herencia, medio y educatión»
Aus dem Spanischen übertragen von Mechthild Wegmann
Für die Taschenbuchausgabe eingerichtet und bearbeitet von Jürgen Volbeding
Umschlagentwurf Werner Rebhuhn (Foto: R. Lorenz – ZEFA)

Veröffentlicht im Rowohlt Taschenbuch Verlag GmbH, Reinbek bei Hamburg, im Mai 1977

Satz Otto Gutfreund & Sohn, Darmstadt
Druck und buchbinderische Verarbeitung Graficas Estella, S.A./Estella (Navarra)
Printed in Spain
680-ISBN 3 499 17071 x
Depósito Legal: NA-622-1977

Inhaltsverzeichnis

René Zazzo wurde 1910 in Paris geboren. Er studierte von 1930–1933 Philosophie an der Pariser Universität Sorbonne und setzte von 1933–1934 sein Studium an der Yale University (USA) fort. Als der Zweite Weltkrieg ausbrach, wurde er eingezogen und nahm am belgischen Feldzug teil. Während der Okkupation Frankreichs durch deutsche Truppen war er einer der Führer der Nationalen Studentischen Front.

Seit 1936 war er Mitarbeiter von Professor Henri Wallon und wurde 1950 sein Nachfolger als Leiter des Instituts für Kinderpsychologie, einer Abteilung der École Pratique des Hautes Études; ebenfalls war er seit 1940 Leiter der Psychologischen Abteilung im Henri Rouselle-Hospital. 1967 wurde er Professor für genetische Psychologie an der Universität Nanterre; seit 1955 ist er Vorsitzender der Société Française de Psychologie, seit 1967 Vorsitzender der Association de Psychologie Scientifique de Langue Française und seit 1968 Vorsitzender des Groupement Français d'Études de Neuro-Psychopathologie Infantile.

Die Erforschung und Darstellung der menschlichen Psyche vollzieht sich nach wie vor innerhalb eines weitgefächerten wissenschaftlichen Spektrums, das sich in zahlreiche Spezialgebiete gliedert, die sich durch ihre grundlegenden theoretischen Annahmen voneinander abgrenzen. Über die Voraussetzung der menschlichen Intelligenz ist innerhalb der wissenschaftlichen Ansätze ein Theorienstreit entstanden. So leugnen die radikalen Anhänger der Vererbungstheorie jeden Einfluß der Umwelt auf die Intelligenz, während die Verfechter der Milieutheorie die individuellen genetischen Voraussetzungen als unwichtig für eine Intelligenzentwicklung halten. Natürlich gibt es auch weniger extreme Positionen, die zwischen diesen beiden Theorien zu vermitteln versuchen. Aber auch innerhalb der jeweiligen Theorien kann man abweichende Ansichten feststellen. Es handelt sich hier also um ein besonders problematisches und komplexes Thema, über das wir Professor René Zazzo interviewen werden.

Welches sind die wichtigsten Abschnitte bei der Entwicklung der Intelligenz im Kindesalter?
Wenn wir uns an den Untersuchungen von Jean Piaget orientieren, dessen Ergebnisse zur Zeit weltweit akzeptiert sind, so kann man folgendes sagen: Der erste Abschnitt reicht von der Geburt bis etwa zum zweiten Lebensjahr. Das Kind kann noch nicht sprechen und noch keine Sätze bilden. Sein Verhalten ähnelt stark dem eines Tieres. Dies ist die Etappe der Sensomotorik. Der zweite Abschnitt umfaßt bereits konkrete Handlungen, über die das Kind fähig ist nachzudenken. Dieser Abschnitt wird in zwei Phasen unterteilt: eine Vorbereitungsphase – das Kind kann schon sprechen und steht kurz vor dem Eintritt in die Grundschule – und eine sogenannte vorpubertäre Phase, eine Phase formaler Intelligenz. Das Kind kann seine Handlungsabsichten bereits beurteilen und in seine Umwelt einordnen, es ist in der Lage zu imaginieren, das heißt Phantasie und Einbildungskraft machen eigene Vorstellungswelten und in bestimmten Situationen einen Rückzug aus der realen Umwelt möglich. An dieser Stelle scheint die Entwicklung der menschlichen Intelligenz abgeschlossen zu sein.

Bleiben wir beim ersten Abschnitt. Könnte man in diesem Stadium einen Vergleich ziehen zwischen der Intelligenz eines Kindes und der eines höherentwickelten Tieres?
Auf den ersten Blick scheint es keinen großen Unterschied auf der Ebene der sensomotorischen Intelligenz zu geben. Es ist ja eine praxisbezogene Intelligenz, die auf die Anpassung an unmittelbare Probleme ausgerichtet ist. Nur eine sehr genaue Analyse kann bestätigen, daß die Intelligenz eines Kindes strenggenommen niemals mit der Intelligenz irgendeines Tieres vergleichbar ist. So erscheinen zum Beispiel die Nachahmungsmöglichkeiten des Kindes vielfältiger zu sein als die der jungen Säugetiere einschließlich der Schimpansen. Unmittelbar nach der Geburt sind Kind und Schimpanse nicht in der Lage, alleine zu überleben. Dennoch benötigt das Kind die Hilfe seiner Eltern viel länger als der Schimpanse. Das heißt, das geistige Verhalten des Kindes wird ständig von den Erwachsenen ergänzt. Ein außerordentlicher Versuch, der schon vor dem Zweiten Weltkrieg gemacht wurde, erscheint mir an dieser Stelle erwähnenswert. Das amerikanische Psychologenehepaar Kellogg erzog zur gleichen Zeit und unter den gleichen Bedingungen einen jungen Affen und ein Kind. Gua, der junge Affe, wurde genauso behandelt wie das Kind; das heißt, er genoß die gleiche Pflege und war den gleichen Reizen ausgesetzt. Die Kelloggs führten ein Tagebuch über den Verlauf ihres Versuches. Bis zum achtzehnten Monat verlief die Entwicklung bei beiden mehr oder weniger ähnlich. Doch sobald das Kind die Fähigkeit erreicht hatte, auch nur zwei Wörter miteinander zu ver-

Bestimmte, vergleichbare Entwicklungsprozesse setzen bei jungen Primaten früher ein als bei einem Kleinkind.
Abbildung: Pavian

binden, seinen ersten Satz hervorzubringen, verloren die beiden Entwicklungsprozesse ihre Parallelität. Der junge Gua konnte trotz aller Sorgfalt, die sonst nur Menschen zuteil wird, dieses Stadium kindlicher Entwicklung nicht mitvollziehen. Was die motorischen Fähigkeiten, das heißt die Bewegungsabläufe, betrifft, hatte er das Kind lange Zeit übertroffen. Das Tier war zwar in seiner Entwicklung so weit gekommen, vorbereitete Zeichnungen zu identifizieren, zum Beispiel eine Hütte. Das war wirklich außergewöhnlich, und es war auch sehr viel weiter gekommen, als man erwartet hatte, aber beim Kind entstand eine Sprache, die beim Affen offensichtlich nicht vorhanden ist.

Das heißt also, daß die erste Phase – charakteristisch hierfür ist die sinnvolle Verbindung zweier Gedanken – nur dem Menschen eigen ist...?
Das Tier ist nicht in der Lage, eine Sprache zu entwickeln, wenn wir unter Sprache die vom Menschen verwendete Gliederung von Lautverbindungen verstehen. Neuere Untersuchungen haben jedoch noch nie dagewesene Ergebnisse hervorgebracht. Das amerikanische Psychologenehepaar Garner nahm ein weibliches Affenbaby in ihr Labor auf, nannte es Washu und brachte ihr die Taubstummensprache bei. Zur Zeit «spricht» Washu die Gebärdensprache der Taubstummen, die sie vollständig beherrscht, und kann ohne Schwierigkeiten eine Unterhaltung führen. Kürzlich hat sie einen erstaunlichen Entwicklungsschritt ge-

Normalerweise spricht man von Zwillingen, ohne näher zu erklären, ob es sich um eineiige oder zweieiige Zwillinge handelt. Nur eineiige Zwillinge sind echte Zwillinge.
Rechts: Schulen setzen fest, wie lange Kinder sie besuchen müssen und institutionalisieren dadurch die Kindheit.

macht. Als sie eines Tages wütend war, hat sie zu ihrem Gegenüber gesagt: «Sie sind ein dreckiger Kerl», wobei ‹dreckig› nur in einem übertragenen Sinne gemeint sein konnte. Wenn Washu mit ihren Artgenossen streitet, nennt sie sie «dreckige Affen».

Es handelt sich hier also um außerordentliche Ergebnisse, obwohl ich bemerken muß, daß der Mensch seine Sprache selber geschaffen, während der Affe sie von außen und nur durch mühsames Training erworben hat. Jetzt beginnt Washu, ihren Jungen die Sprache der Taubstummen beizubringen. Sie hat sich also spontan zur Erzieherin verwandelt, was uns völlig neue, unbekannte Wege eröffnet. Denn wenn Tiere Fähigkeiten besitzen, die bis heute noch nicht entdeckt und erforscht worden sind, so kann man annehmen, daß auch im Menschen Möglichkeiten stecken, die erst noch entdeckt werden müssen.

Einige Fachleute sind der Meinung, die Intelligenz sei ausschließlich von den Erbanlagen, dem sogenannten genetischen Kode abhängig, den jeder Mensch von seinen Eltern mitbekommt. Was halten Sie davon?
Ich glaube, alle maßgebenden Wissenschaftler sind sich heute darüber einig, daß die Intelligenz – wie jeder andere Bereich des menschlichen Lebens, der entwicklungsfähig ist – sowohl von den Erbanlagen als auch von der Umwelt abhängig ist. Was auch immer beim Menschen sich entwickelt – Körpergröße, Gedächtnis, Urteilskraft –, alles wird von genetischen und sozialen Faktoren beeinflußt. Konrad Lorenz zum Beispiel verteidigt seine Forschungsresultate gegenüber den Milieutheoretikern, indem er sagt, er habe nie behauptet, daß die Umwelt überhaupt nicht zählt, sondern daß er sich nur mehr für die Vererbung interessiere. Von B. F. Skinner, einem der Mitbegründer des Behaviorismus, wird behauptet, er verneine die Rolle der Vererbung innerhalb des menschlichen Entwicklungsprozesses. Skinner selbst hält aber dagegen, daß die Vererbung nicht der eigentliche Gegenstand seiner Untersuchungen sei, vielmehr interessiere ihn die Umwelt, denn nur hier könne der Mensch handeln und sich entwickeln. Für mich sind Lorenz und Skinner zwei extreme Positionen, die ich nicht akzeptieren kann.

Der individuelle Entwicklungsprozeß eines Kindes, und als ein Teil davon seine Intelligenz, wird von zwei großen Faktoren bestimmt: seinem spezifischen genetischen Kode und der Umwelt, in die es hineingeboren worden ist. Es kommt also darauf an, zu unterscheiden, welchen Anteil Erbanlagen und Umwelteinflüsse an der Entwicklungsgeschichte des Kindes haben. Piaget und Wallon, um nur zwei große Kinderpsychologen zu nennen, untersuchen den Übergang von der sensomotorischen zur verstandesgemäßen Intelligenz. Beide lehnen die Vereinfachung «entweder Erbanlagen oder Umwelteinflüsse» ab.

Sie haben doch eine Untersuchung über eineiige Zwillinge durchgeführt. Konnten Sie die Zwillinge auch unter verschiedenen Umweltbedingungen beobachten?
Das ist eine sehr schwierige Aufgabe. Einige Spezialisten in den USA haben sich damit befaßt, und sind dabei zu eindeutigen Ergebnissen gekommen. Eineiige Zwillinge, die unter gleichen Umweltbedingungen erzogen worden sind, haben praktisch denselben IQ bei einer Abweichung von fünf Punkten, die als Spielraum für eventuelle Fehler eingeräumt werden müssen. Zweieiige Zwillinge, unter den gleichen Umweltbedingungen aufgewachsen, aber mit unterschiedlichem genetischen Kode, weisen einen Unterschied von 10 bis 15 Punkten auf. Auch eineiige Zwillinge, die getrennt erzogen wurden, weichen um 10–15 Punkte voneinander ab. Das bedeutet also, daß die Wirkung der Erbanlagen die gleiche ist wie die der Umwelt.

Das individuelle Aussehen jedes Menschen ist Beweis für die fast unbegrenzten Variationsmöglichkeiten des genetischen Kodes.
Unten: Vom Urteil der Lehrer und Erzieher über schulische Intelligenz hängt das weitere «Bildungsschicksal» und darüber hinaus die spätere berufliche Karriere der Betroffenen ab.

Der Umgang mit dem Begriff Intelligenz

Fast alle Menschen neigen dazu, mehr oder weniger bewußt, Personen aus ihrer unmittelbaren Umwelt wie auch völlig Fremde zu beurteilen, sie innerhalb bestimmter Vorstellungen und Kategorien einzuordnen. Einer der am häufigsten gebrauchten Wertmaßstäbe zur Beurteilung anderer ist die Intelligenz. Dabei zeichnet sich diese Art des Urteils nicht selten durch besondere Voreingenommenheit und schablonenhaftes Denken aus. Völlig anders muß die Perspektive eines Lehrers oder Erziehers gegenüber einer solchen komplexen und hochdifferenzierten Problematik sein, will er die Intelligenz der ihm anvertrauten Kinder beurteilen. Von seinem Urteil über schulische Intelligenz kann das weitere Bildungsschicksal und darüber hinaus die spätere berufliche Karriere der Betroffenen abhängen.

Die erste Frage, die wir also zu beantworten haben, lautet: Was ist Intelligenz? Worauf begründen sich unsere so leichtfertig dahingesagten Werturteile über mehr oder weniger «intelligente» Menschen? Worauf kann sich ein Lehrer berufen, der durch sein Urteil die Zukunft des Schülers wesentlich beeinflußt? Normalerweise halten wir einen Schüler, der das Schulpensum erfüllt, für «begabt» oder «intelligent». Einer, der dagegen langsamer vorankommt und dem Tempo des Unterrichts nicht folgen kann, wird von vielen unter uns sehr schnell als «dumm» oder «unbegabt» abgestempelt. Und da jede Regel ihre Ausnahmen hat, wird es immer den «Hochintelligenten» aber «Stinkfaulen» geben, ebenso den «Fleißigen», doch «wenig Begabten». Häufig verstehen wir unter Intelligenz die Leistungsfähigkeit beim Lernen, die Fähigkeit, gruppenspezifische Bildungsinhalte und Normen als für die eigene Person gültig zu übernehmen.

Intelligenz, ein bildungspolitisches Postulat? Was ist der Ursprung dieser Fähigkeit? Wird man mit ihr geboren, oder ist sie ein Produkt aus Erziehung und Umwelt? Kommt man als «intelligentes» oder als «dummes» Individuum auf die Welt, so wie man entweder blaue oder schwarze Augen, blondes oder dunkles Haar mitbringt?

Welche Antwort der Pädagoge auf diese Frage auch gibt – die oft ein Spiegel der Gesellschaft und ihrer besonderen Strukturen ist –, gleichzeitig wird auch seine Einstellung gegenüber seiner Aufgabe und sein persönliches Erziehungskonzept davon abhängig sein. Vertritt er den Standpunkt, daß die Menschen «intelligent geboren werden», so wird seine Aufgabe lediglich darin bestehen, Daten und Fakten, im weitesten

Physikunterricht. Ein Lehrer hat im wesentlichen zwei Möglichkeiten, den Lehrstoff zu vermitteln: entweder mit einem starren Konzept oder mit einer Unterrichtsform, die auf die Fähigkeiten und Bedürfnisse der Schüler eingeht und vor allem das selbständige Denken des einzelnen fördert.

Sinne also Bildung zu vermitteln. Er wird fast gar nichts für den einzelnen tun können, außer ihm bestimmte Inhalte zu vermitteln und ihn je nach seiner Lernfähigkeit auf einen sogenannten akademischen oder handwerklichen Beruf vorzubereiten. Ist Intelligenz jedoch nicht statisch, festgelegt durch den genetischen Kode, sondern ausbau- und entwicklungsfähig, so wird die pädagogische Aufgabe und damit die des Erziehers eine ganz andere sein. Der Lehrer, der sonst nur Vermittler bestimmter Kenntnisse wäre, wird zum Mitgestalter der Intelligenz. Auch die Schule spielt in beiden Fällen eine unterschiedliche Rolle: im ersten

Fall unterstützt sie die Theorie von der hereditären Intelligenz, das heißt der direkt vererbbaren, und trifft somit eine Auslese in diesem Sinne. So kann ein bildungspolitisches Postulat entstehen, das diskriminierend auf die unteren sozialen Schichten einer Bevölkerung wirkt und ihnen den Zugang zu bestimmten Bildungswegen verweigert. Im anderen muß sie versuchen, die Fähigkeiten und die Begabungen des einzelnen zu fördern und zu unterstützen. Sie muß davon ausgehen, daß die unterschiedliche Lernfähigkeit nicht in erster Linie von den genetischen Voraussetzungen abhängt, sondern ein weitreichendes soziales Phänomen darstellt. Ist sie sich dieser Tatsache bewußt, so wird sie versuchen, diese Unterschiede auszugleichen, um letzten Endes zu dem gelangen zu können, was man mit «Chancengleichheit» bezeichnet. Das meint gleiche Chancen jeder «Sozialschicht» beim Zugang zu allen Bildungseinrichtungen.

Dieser Streit zwischen den Anhängern der Milieu- und Vererbungstheorie und Vertretern, die zwischen dieser Polarisierung einen Kompromiß suchen, wird mit besonderer Heftigkeit geführt. Wie die Antworten auf diese Fragen und die Ergebnisse wissenschaftlicher Untersuchungen auch immer aussehen mögen: die Konsequenzen, die daraus gezogen werden, dürften nicht immer rein wissenschaftlicher Art sein, sondern auch eine sozialpolitische Bedeutung haben.

Der determinierte Mensch Wenn man sich mit dem Problem der Erbanlagen und der Umwelt aus psychologischer Sicht befaßt, so auch mit dem Phänomen menschlicher Willensfreiheit und dem Determinismus, das heißt der Anschauung, nach der alle Ereignisse in der Natur und damit alle menschlichen Handlungen in einem ursächlichen Zusammenhang stehen, aus dem heraus sie vorherbestimmt sind. Wenn ich auf Grund meiner Erbanlagen unweigerlich festgelegt bin, wo bleiben meine Entwicklungsmöglichkeiten? Und wenn meine Entwicklung allein von meiner Umwelt bestimmt wird, wo bleibt mein freier Wille? Wo entsteht und wie weit reicht meine Handlungsfreiheit, wenn meine Lebensgeschichte bereits durch meinen genetischen Kode vorprogrammiert worden ist? Die Grenzen der Determiniertheit durch Einflüsse der Erbanlagen oder der Umwelt sind auch die Grenzen der persönlichen Freiheit.

Der Verlust wissenschaftlicher Objektivität Auf der anderen Seite kommt die Diskussion auch mit politischen Fakten in Berührung und erfordert politische und gesellschaftliche Konsequenzen. Stellt man nämlich die Frage nach den Ursachen unterschiedlicher Intelligenz, so besteht die Gefahr, die möglichen Unterschiede zu verabsolutieren. Wenn A anders ist als B, kann das entweder heißen, daß A mehr ist als B – oder umgekehrt –, es kann auch heißen, daß A und B lediglich ver-

Angehörige «höherer» Gesellschaftsschichten haben aufgrund ihres besonderen Status einen schnelleren und vor allem müheloseren Zugang zu bestimmten kulturellen «Errungenschaften» als Angehörige «unterer» sozialer Schichten.
Handweberei in Santiago Atitlán (Guatemala).

Der Rassismus ist ein schwerwiegendes politisches und soziales internationales Problem, das noch nicht einmal im Ansatz gelöst ist. Das Foto entstand 1966 in Chicago, könnte aber ebenso gestern aufgenommen worden sein.

schieden strukturiert sind, wobei diese Strukturen in einem starren System nicht meßbar sind. Berücksichtigt man aber die Instrumente, die zur Messung der Intelligenz angewendet werden – die Tests –, und sieht man, wie sie angewendet werden, so kann man eine Neigung in Richtung absoluter Zahlenwerte deutlich erkennen. Auf die einzelnen Methoden kommen wir etwas später zu sprechen. Will man bei der Darstellung der Unterschiede nicht nur von Zahlen, sondern auch von bestimmten sozialpolitischen und -psychologischen Kriterien ausgehen, so taucht sofort die Frage auf, ob sie genetisch oder durch die Umwelt bedingt sind. Sind sie genetisch bedingt, dann müßte es dominierende Rassen geben, die anderen «überlegen» sind; beruht der Unterschied aber auf Umwelteinflüssen und gesellschaftlichen Bedingungen, dann wären sie nichts anderes als der Ausdruck einer bestimmten historischen Entwicklung, innerhalb derer sich Herrschaftsstrukturen etabliert haben, die ihre Ansprüche durch die Unterdrückung einzelner Gesellschaftsschichten oder ganzer Völkergruppen vor Veränderungen bewahren wollen.

Wer die Meinung vertritt, daß die intellektuellen Unterschiede zwischen Menschen die Folge von bestimmten Erbanlagen sind, der akzeptiert gewöhnlich auch die Herrschaft bestimmter Nationen und Rassen über andere und die Unterdrückung bestimmter Gesellschaftsschichten und versucht somit, nationalistische und imperialistische politische Tendenzen zu rechtfertigen. Ganz andere politische und soziale Konsequenzen werden aber diejenigen ziehen, die die Ursache für die intellektuellen Unterschiede in den Umwelteinflüssen sehen.

Die Haltung der Wissenschaftler Im Jahre 1949 untersuchte Pastore die Haltung von 24 berühmten Wissenschaftlern, die an einer Diskussion über dieses Thema teilgenommen hatten. Es stellte sich heraus, daß nur einer von den Wissenschaftlern, die die Vererbungstheorie vertraten, politisch gesehen liberal war, und nur einer, der Anhänger der Milieutheorie war, als konservativ bezeichnet werden konnte.

Der französische Spezialist J. Larmat meint: «Daß die Unterschiede im intellektuellen Niveau zwischen einzelnen Individuen teilweise genetisch bedingt sein können, wobei wir den genetischen Wert in jedem einzelnen Fall nicht einmal in der einfachsten Form meßbar machen können, läßt auf keinen Fall die Schlußfolgerung zu, daß Diskriminierungen von sozialen Schichten und Berufsgruppen, von Rassen und Volksgemeinschaften gerechtfertigt sind. Dieses Problem ist sehr schwer, wenn nicht sogar unmöglich zu lösen. Denn zu den methodischen Schwierigkeiten kommen diejenigen, die sich aus der Persönlichkeit des Wissenschaftlers ergeben. Zweifellos kann sich niemand mit diesem Problem völlig objektiv auseinandersetzen, denn es berührt sehr stark die allgemeinsten Grundlagen individueller oder gesellschaftlicher Moral und die mit Emotionen geladenen politischen und philosophischen Konzeptionen.»

H. J. Eysenck bestätigt diese These und fügt hinzu: «Das in diesem Buch diskutierte Problem ist nur eines von vielen, die sich mit den Rassen befassen, wenn auch zweifellos einige soziale Glaubenssätze und Emotionen immer noch eng mit dieser Problematik verbunden sind.» Etwas später fühlt er sich verpflichtet, eine Erklärung über politische Prinzipien der Rassendiskriminierung abzugeben, ehe er seine Untersuchung fortsetzt, und versucht, seinen Standpunkt mit Vergleichen aus der Nazizeit in Deutschland zu rechtfertigen. Er beteuert immer wieder, kein Rassist zu sein, daß man das nicht von ihm behaupten könne, nur

Erziehung als Instrument im Dienste des Staates.
Links: Kinder in der Volksrepublik China.
Unten: kubanische Schüler.
Rechts: Die Verschlechterung der Lebensbedingungen hat im Laufe der Geschichte häufig das psychologische Gleichgewicht der «Massen» verändert. (Abbildung: Nationalsozialistisches Deutschland)

weil er «ernsthaft die Möglichkeit in Betracht ziehe, daß die durch Intelligenztests erwiesene Minderwertigkeit der nordamerikanischen Neger teilweise auf genetische Ursachen zurückzuführen sei». Die Vorsicht dieses Autors ist außerordentlich groß, ein Beweis mehr dafür, daß diese Diskussion keinesfalls wertfrei verläuft.

M. Reuchlin stellt folgende Überlegung an: «Es gibt offensichtlich mehrere Autoren, die dieses Problem mit der Absicht angehen, Tatsachen zu finden, die ihnen erlauben, eine bereits angenommene philosophische oder politische These zu belegen.»

Wir sehen also, welche politischen Auseinandersetzungen diese scheinbar rein wissenschaftliche Debatte hervorruft und wie stark sie mit politischen Strukturen verknüpft ist.

Die Erziehung ist der Ausdruck einer Gesellschaft zu einem bestimmten Zeitpunkt ihrer Geschichte, sie spiegelt die Ideologien wider und ist ein Instrument in den Händen des Staates – einer politischen Umwälzung folgen meistens Veränderungen innerhalb des Bildungswesens.

Artgenossen im Tierreich besitzen im wesentlichen das gleiche Verhaltensinventar.

Rechts: Psychologen glaubten einmal, daß der Mensch und die Menschenaffen als einzige Lebewesen intelligent und damit lernfähig wären. Als man bei niederen Tieren Verhaltensweisen entdeckte, die auf Intelligenz zu beruhen schienen, schrieb man dies einer Kombination von Instinkt und zufällig Erlerntem zu. Loh Seng Tsai, ein Psychologe, hatte den Verdacht, daß eine so scharfe Trennung im Tierreich gar nicht existiere, und begann daher, mit Laborratten zu experimentieren. Die Ergebnisse beweisen, daß er mit seiner Vermutung recht gehabt hatte. Tsais weiße Ratten hatten sich durch einen Zucht- und Trainingsprozeß weit von ihren natürlichen Vettern entfernt, wie diese Fotoserie zeigt. Keine «gewöhnliche» wilde Ratte hätte das hier gezeigte «Kunststück» vollbracht.

Das bedeutet, daß die Lösung der bestehenden Bildungs- und Erziehungsprobleme wesentlich davon abhängt, welche Antwort man auf die Frage nach dem Ursprung der Intelligenz geben wird.

Die Gegensätze in der Psychologie Die allgemeingültigste Definition der Psychologie als Wissenschaft besagt, daß sie, auf den Menschen bezogen, die Gesetzmäßigkeiten untersucht, denen sein Ver-

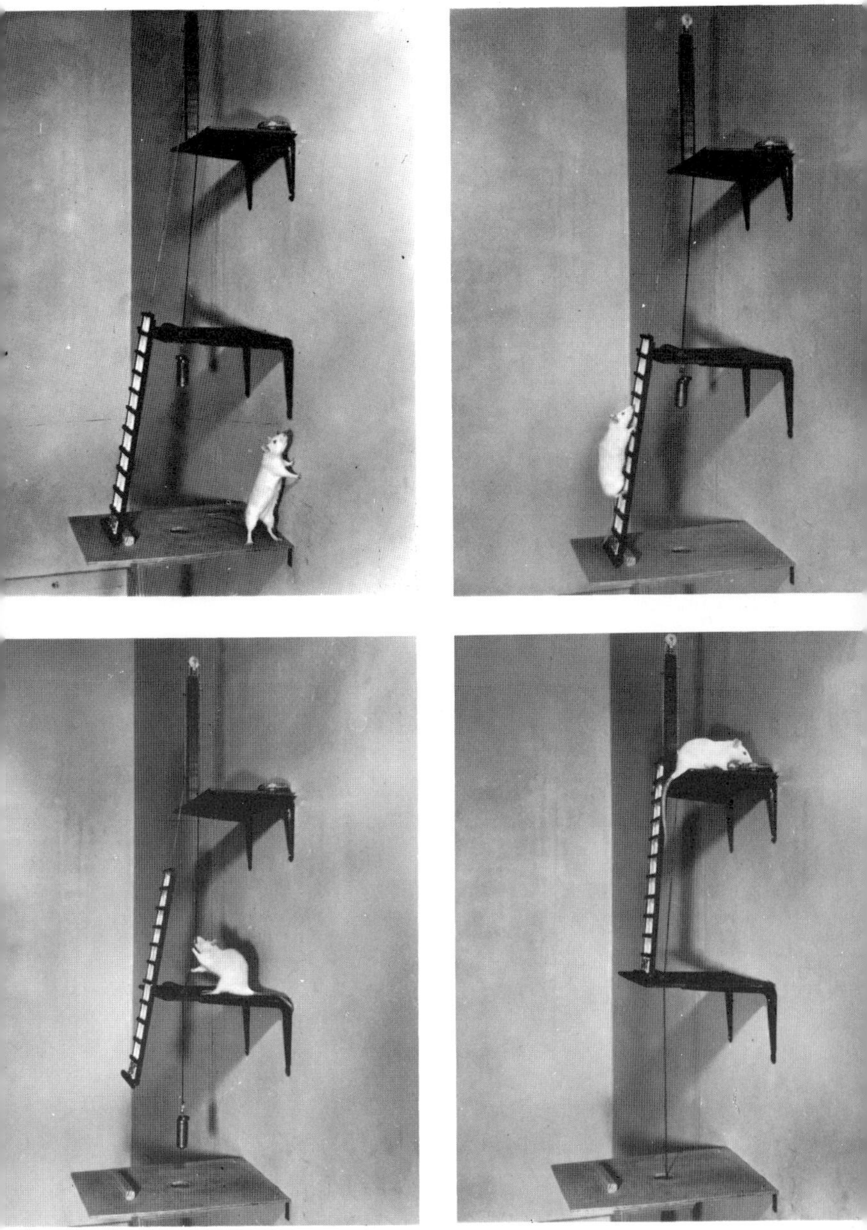

 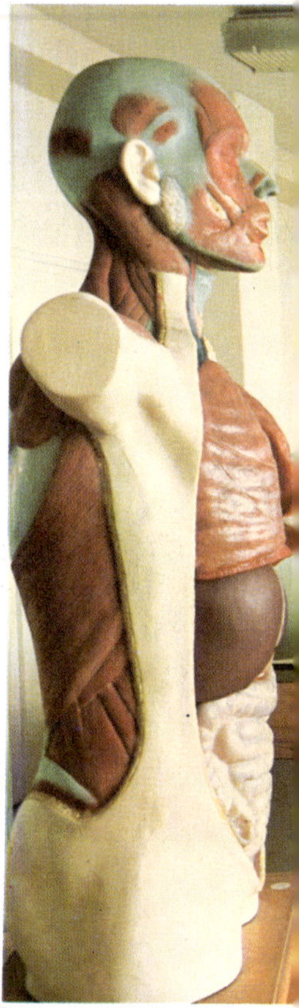

Lernspiele sollen die optimale Nutzung der intellektuellen Fähigkeiten eines Kindes anregen.

halten, die Veränderung seiner Verhaltensweisen sowie das subjektive Erleben – Wahrnehmen, Vorstellen, Denken und Fühlen – unter dem Einfluß der auf sie einwirkenden Umweltreize unterliegen. Die Entstehung der wissenschaftlichen Psychologie ist hinreichend dokumentiert, es ist bekannt, daß ihre «Väter» vorwiegend Physiologen und Physiker waren wie Helmholtz, Weber und Wundt. Die Beziehungen zwischen physikalischen Außenreizen und psychischen Empfindungen und zwischen Empfindungen und körperlichen Prozessen wurden zum Brenn-

Die Verbindung von Theorie und praktischer Anschauung ist eine unabdingbare Voraussetzung moderner Pädagogik.

punkt der Forschungen. Es entstand eine Bewußtseinspsychologie, deren herausragende Methode die Selbstbeobachtung und damit die Analyse und Beschreibung von Bewußtseinszuständen wurde. Diese sogenannte experimentelle Psychologie entwickelte sich weiter. Statt Erlebnissen wurden Reflexe und andere Reaktionen die analytischen Einheiten der Psychologie. Das Bewußtsein blieb aber Thema der allgemeinen Psychologie in der Fragestellung nach der Einheit von Bewußtsein und Tätigkeit. Daraus ergab sich die Forderung, die Psychologie als eine Wissenschaft zu betreiben, die die Psyche und das Bewußtsein des Menschen unter konkreten Bedingungen untersucht und die schon von den Ausgangspositionen her die Fragen aufgreift, die das Leben, die die Praxis stellt. Eine sich aus diesem Ansatz entwickelnde Richtung war die klinische Psychologie. Sie versucht mit Hilfe der verschiedenen psychologischen Testmethoden die individuellen psychischen Störungen zu diagnostizieren und darüber hinaus zu behandeln.

Demgegenüber begründete J. B. Watson den Behaviorismus, eine Psychologie des Verhaltens, die schon in ihren Anfängen die Machbarkeit des Menschen und damit seine hochgradige Umweltdeterminiertheit postulierte. Der Behaviorismus klammert alle «subjektiven» Faktoren, die nicht unmittelbar zu beobachten sind, wie «Empfindung, Wahrnehmung, Vorstellung und Fühlen» aus.

Neben anderen Richtungen sind diese beiden Zweige der Psychologie, die klinische Psychologie und der Behaviorismus Gegensätze innerhalb einer grundsätzlichen Auseinandersetzung.

Ein Theoriestreit Für die Vertreter des Behaviorismus kann man das menschliche Verhalten nur in seinen äußeren und beobachtbaren Erscheinungsweisen objektiv analysieren, wobei die Methode dieselbe ist wie die der anderen Wissenschaften: die wissenschaftliche Methode schlechthin, die experimentelle. Die Vertreter der klinischen Psychologie dagegen behaupten, daß man durch eine solche Verfahrensweise den Menschen zum Objekt macht; möglicherweise lassen sich dadurch Verhaltensweisen erklären, den Menschen aber wird man nicht verstehen, da dies nur durch die tiefgreifende Analyse und Darstellung individueller Verhaltensweisen geschehen kann.

P. Fraisse, ein überzeugter Behaviorist, findet sogar selbst Argumente für die klinische Psychologie, wenn er sagt: «Die wissenschaftliche Psychologie wird als eine notwendigerweise objektive Wissenschaft betrachtet in dem Sinne, daß ihre Ergebnisse frei von der Subjektivität der Beobachter sein müssen ...; aber Objektivität bedeutet Objektivismus, das heißt die Umwandlung eines Subjekts mit eigenen Verhaltensweisen in ein Objekt (ein Ding) und die Nicht-Beachtung der Subjektivität der Beobachteten.»

Einige Autoren, wie zum Beispiel Cannestrelli, behaupten: «Es ist mir unmöglich, den Wert der menschlichen Subjektivität zu leugnen, des Menschen, der fühlt, denkt, *ist*, der in der Welt steht und in ihr tätig ist, und ich halte die Position einiger Psychologen, die die Subjektivität fürchten, für absurd. Sie bedienen sich nämlich der Ausrede, daß Subjektivität dem Sentimentalismus Tür und Tor öffnet.» Und er plädiert nachdrücklich für die Wiedereinführung des Bewußtseinsbegriffs in den wissenschaftlichen Erkenntnisprozeß der Psychologie.

Die Neugier und das Interessse, die zum Beispiel durch ein elektronisches Gerät geweckt werden, können als Hinweis zur Einschätzung der Intelligenz dienen.
Der schweizerische Psychologe Jean Piaget (rechts) leugnet die Brauchbarkeit von Tests zur Messung der Intelligenz.

Das, was zunächst wie ein Spiel aussieht, ist in Wirklichkeit eine Aufgabe im Rahmen eines Intelligenztests.

Unten: Nicht alle Kinder der Gruppe werden gemeinsam ihr Ziel erreichen, obwohl sie sich gemeinsam auf den Weg gemacht haben – weil die jeweilige Verweildauer an den «Meilensteinen» des Weges unterschiedlich ist. – Ähnlich wird die Entwicklung der Intelligenz verschiedenartig verlaufen, entsprechend den individuellen Voraussetzungen und Umweltbedingungen, die der einzelne vorfindet.

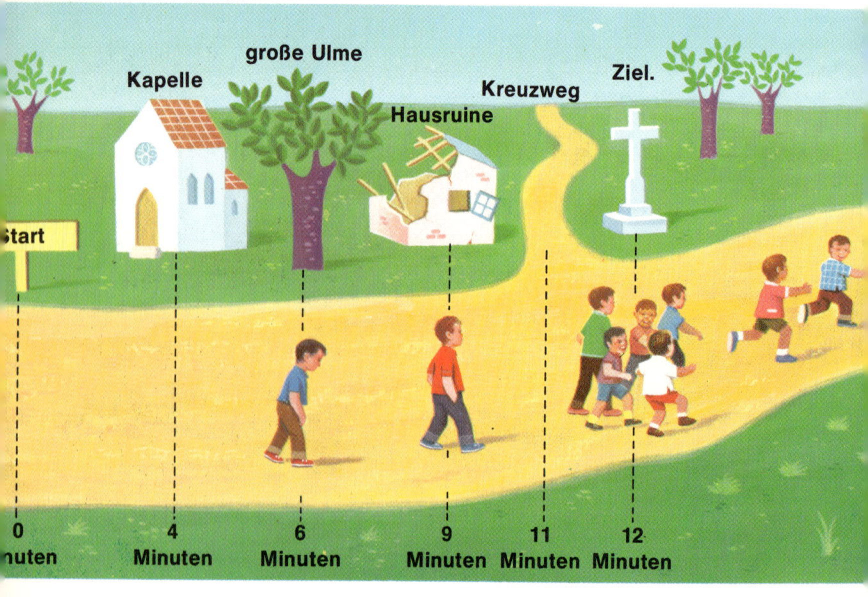

Die experimentelle Methode erfordert vorausgegangene Hypothesen, genau festgelegte Konzepte ihrer Versuchsreihen, Genauigkeit in der Untersuchung und Anwendung der gleichen Reize unter gleichen Bedingungen auf alle Subjekte, Konfrontation jeder Hypothese mit einer meßbaren Wirklichkeit und wiederholte Kontrolle der Tatsachen.

Dagegen sind das Einfühlen in das Subjekt, die Bemühungen um die Individualität, das «Begreifen» und nicht nur das «Erklären» Merkmale der klinischen Psychologie.

Was ist eine Theorie? Das dritte große Problem der Psychologie liegt in ihrer Beziehung zur Theorienentwicklung. Für die einen kann man eine Theorie erst dann aufstellen, wenn genug Fakten vorhanden sind, die dazu berechtigen; für andere kommt zuerst die Theorie und dann der Versuch, ihre Aussagen zu beweisen. Und schließlich gibt es andere, für die die Theorie, wie Richelle sagt, die Verheißung der Ergiebigkeit ist: «Man sammelt nicht die Fakten aufs Geratewohl, ohne etwas zu bezwecken. Sie erhalten ihren Wert erst, wenn sie in einem Sinnzusammenhang stehen; zu diesem Zeitpunkt setzt dann die Theorie ein, das heißt, bereits bekannte allgemeine Gesetze werden im Zusammenhang formuliert...; eine Theorie kann niemals für endgültig gehalten werden, sie ist kein geschlossenes System. Selbst wenn sie eine große Anzahl von Phänomenen zusammenfaßt, um sie zu erklären, ist sie letztendlich nichts anderes als eine neue Hypothese.»

Gibt es eine zutreffende Definition von Intelligenz? Was ist Intelligenz und was sind das für Tests, mit denen die Psychologen Intelligenz messen wollen? Der deutsche Psychologe William Stern, der wichtige Beiträge zur Kinder- und Jugendpsychologie lieferte, definierte Intelligenz vor fast fünfzig Jahren folgendermaßen: «Intelligenz ist die allgemeine Fähigkeit eines Individuums, sein Denken bewußt neuen Erfordernissen anzupassen. Sie ist die allgemeine geistige Anpassungsfähigkeit an neue Aufgaben und Situationen.» Eine Definition des Wissenschaftlers D. Wechsler stammt aus jüngerer Zeit, für ihn ist Intelligenz «die zusammengesetzte oder globale Fähigkeit, zielgerichtet zu handeln, rational zu denken und sich wirkungsvoll mit seiner Umwelt auseinanderzusetzen. Sie ist global, weil sie das Verhalten des Individuums in seiner Gesamtheit darstellt, und sie ist komplex, weil sie aus einzelnen

---

«Den wahren Psychologen stelle ich mir, wie Diogenes auf der Suche nach dem Menschen, mit einer Laterne in der Hand vor. Das ist jener Psychologe, der beunruhigt sein Reich und seine Existenzberechtigung in Frage stellt: Was ist meine Wissenschaft und wozu soll sie dienen?»

(R. Zazzo)

Fähigkeiten besteht, die trotz Abhängigkeit voneinander qualitativ unterschiedlich sind». Alfred Binet, der französische Psychologe, mit dem wir uns im folgenden noch auseinandersetzen werden, brachte Intelligenz in Zusammenhang mit «Verständnis, Erfindungsgabe, Kontroll- und Kritikfähigkeit».

Die Erkenntnisse, die man aus der Praxis mit den verschiedenartigen Intelligenztests gewonnen hat, sind innerhalb der Auseinandersetzung zwischen den Vertretern der Vererbungstheorie und der Milieutheorie zu einer wichtigen Diskussionsgrundlage geworden.

Widerstände gegen die Intelligenztests In einigen Ländern ist der Einsatz dieser Tests weit verbreitet, während in anderen Ländern noch großer Widerstand dagegen spürbar ist. Selbst innerhalb eines Landes werden die Tests von einigen begrüßt und von anderen abgelehnt. Das hat verschiedene Ursachen. Zum einen hat sich die mittlerweile klassische Kritik Binets an den Tests nicht weiterentwickelt: die Intelligenz sei ein geistiges Phänomen und als solches nicht meßbar; der Mensch, der im wesentlichen ein geistiges Geschöpf sei, könne nicht als Objekt betrachtet werden. Zum anderen beruht die Ablehnung auf Kritik, die durch die Art der Anwendung dieser Tests hervorgerufen wurde. Möglicherweise ist Intelligenz doch meßbar, dann ist aber ein objektives wissenschaftliches Vorgehen unbedingt notwendig. Man hat die Tests oft viel zu leichtsinnig verwendet oder sie Leuten in die Hände gegeben, die zum Beispiel mit den Rohwerten der IQs nicht umzugehen wußten und Kinder ohne weiteres danach einstuften. Wir wissen sehr wenig über die Voraussagekraft eines Tests und ob das, was wir zum Zeitpunkt X gemessen haben, auch zu einem Zeitpunkt Y die gleiche Gültigkeit hat. Wir wissen nicht einmal genau, wie sich die Testsituation selbst auf das Ergebnis auswirkt.

Weiterhin liegt die Abneigung gegen die Tests zum Teil an den unterschiedlichen methodischen Kriterien der Psychologie bei der Erforschung von Verhaltensweisen. So sind einige Psychologen der Meinung, man könne das Subjekt nur auf dem Wege der Intuition, der Empathie* erkennen. Andere, wie zum Beispiel Jean Piaget, werden nicht aufhören, die Gültigkeit der Tests als Instrument zur Erforschung der Intelligenz anzuzweifeln.

Schließlich sind da noch jene, die die Tests aus sozialpolitischen Gründen ablehnen. Intelligenztests werden dazu verwandt, innerhalb von Gruppen eine bestimmte Auswahl zu treffen. Dabei liegt der Verdacht nahe, daß man Testergebnisse verfälschen und zur Diskriminierung einzelner oder Teilgruppen verwenden kann.

Erläuterung der mit * bezeichneten Begriffe siehe S. 110f.

Der IQ und andere Beiträge der Psychologie zur Messung der Intelligenz Alfred Binet gilt heute als der Vater des Intelligenztests. Zwar ließ er sich von anderen, früheren Spezialisten seines Landes inspirieren, doch war er der erste, der einen Intelligenzgradmesser erstellte und veröffentlichte. Sein Anliegen war im wesentlichen praktischer Natur; er stand in engem Kontakt mit französischen Lehrern. Das brachte ihn dazu, ein Instrument zu entwickeln, das es ihnen ermöglichen sollte, «geistig schwache» Schüler von den anderen zu unterscheiden, um ihnen dann durch entsprechenden Unterricht zu helfen, ihre Schwächen auszugleichen. Ausgehend von experimentellen Kriterien beschloß er, die ersten Versuche unter den immer gleichen Bedingungen bei verschiedenen Gruppen von Versuchspersonen zu machen. Waren die Umweltbedingungen immer gleich, dann mußten die beobachtbaren Unterschiede auf die unterschiedlichen Fähigkeiten der Versuchspersonen zurückzuführen sein.

Das Intelligenzalter 1905 stellte Binet eine Reihe von Fragen auf, die nach wachsendem Schwierigkeitsgrad geordnet waren und den Ausgangspunkt seiner berühmten Skala bildeten: Je weniger Fragen ein Kind beantwortete, desto unbegabter war es. Im Jahre 1908 arbeitete er mit Simon zusammen und ordnete seine Fragen nach Altersstufen:

Stufe 6 (Intelligenzalter) entsprach demnach der Anzahl von Fragen, die ein Sechsjähriger beantworten konnte,

Stufe 8 entsprach den Fragen, die ein Achtjähriger beantworten konnte und so weiter.

Mit diesem System wollten Binet und Simon das Intelligenzalter (Bezeichnung für den Entwicklungsstand der Intelligenz) feststellen. Wenn also eine Versuchsperson die Fragen der *Stufe 8* beantwortete, war sein Intelligenzalter 8 Jahre, auch wenn er jünger oder älter war. Dieses System ließ jedoch keine deutlichen Schlüsse darüber zu, wann man eine individuelle Intelligenzentwicklung nicht mehr als ‹normal› bezeichnen konnte, denn ein 14jähriger Geistesschwacher kann intelligenzmäßig 6 Jahre alt sein oder ein Fünfjähriger ein Intelligenzalter von 6 Jahren aufweisen.

«Psychologische Tests sind Instrumente, die in langer, gründlicher und wissenschaftlicher Arbeit entwickelt wurden, um einige psychologische Aspekte der überaus komplizierten menschlichen Persönlichkeit mit annähernd statistischer Genauigkeit zu messen.» (J. J. Paricio)

Der Intelligenzquotient Aus diesen Überlegungen heraus entstand 1912 das von W. Stern entwickelte Konzept des Intelligenzquotienten (IQ), der sich aus dem Verhältnis der beiden bestimmbaren Altersgruppen ergibt:

$$\frac{\text{Intelligenzalter} \cdot 100}{\text{Lebensalter}} = \text{IQ}$$

In den beiden soeben zitierten Beispielen sähe der IQ folgendermaßen aus:

$$\frac{6}{14} \cdot 100 = 43 \quad (\text{IQ} = 43)$$

und

$$\frac{6}{5} \cdot 100 = 120 \quad (\text{IQ} = 120)$$

Wenn man davon ausgeht, daß derjenige durchschnittlich begabt ist, dessen Intelligenzalter seinem Lebensalter genau entspricht (IQ = 100), ergibt sich nach Binet die folgende IQ-Verteilung:

Bezeichnung	**IQ**
Schwachsinn	0 – 65
Grenzfälle	66 – 79
Schwach-normale Intelligenz ohne eigentliche Anomalie	80 – 90
Durchschnittliche Intelligenz	91 – 110
Gut-normale Intelligenz	111 – 119
Höhere Intelligenz	120 – 127
Überragende Intelligenz[1]	mehr als 128

[1] Die Grenze zur *Höchstbegabung* wird von einigen Autoren bei einem IQ von 140 eingeordnet.

Diese und andere Einteilungen müssen in jedem Falle mit gewisser Vorsicht angewandt und Abweichungen zugelassen werden, denn ein Rückstand von *zwei Intelligenzjahren* hat bei einem fünfjährigen Kind eine ganz andere Bedeutung als bei einem Fünfzehnjährigen; im ersten Fall bedeutet er ein schwereres Defizit als beim zweiten.

Kann man Intelligenz messen? Binet hat sich, so kann man behaupten, ausschließlich der experimentellen Methode in ihrer praktischen Anwendung bedient. Ohne differenzierte, theoretische Ansätze ging er von der Überlegung aus: «Intelligenz ist das, was mein Test mißt.» Kritiker dieses Vorgehens können behaupten, daß man nicht etwas messen kann, was man nicht kennt. Warum nicht? werden wiederum andere fragen. Die Intelligenz ist ein Begriff, und Begriffe werden im Rahmen eines allgemeinen Theoriengeflechts definiert, sie werden operational definiert, das heißt durch ein spezifisches Meßverfahren; daher ist der umstrittene Satz: «Intelligenz ist das, was Tests messen» nach der Meinung Eysencks kein Versuch, das Problem zu umgehen. Binets erstem Versuch fehlte also jede vorgefaßte Theorie über das Wesen der Intelligenz.

Später arbeitete Spearman mit Intelligenztests und untersuchte die mathematischen Beziehungen, die zwischen den einzelnen Tests bestehen. Er kam zu dem Ergebnis, daß es einen Faktor G – Ausdruck einer generellen verstandesmäßigen oder geistigen Energie – und S-Faktoren gibt, wobei letztere die spezifischen Eigenschaften jener generellen Energie oder Intelligenz bezeichnen.

Die meßbaren Fähigkeiten Thurstone dagegen fand sechs unterschiedliche Begabungsrichtungen: zwei *verbale*, von denen die erste sich durch einen mehr oder minder umfangreichen Wortschatz auszeichnet und die zweite durch die Fähigkeit, Worte zu finden, um ein gestelltes Problem zu lösen; eine *mathematische* Begabung, die die Fähigkeit bezeichnet, mit den Grundregeln der Arithmetik umzugehen; eine *räumliche*, das ist die Fähigkeit, räumliche Verbindungen in zwei oder drei Dimensionen herzustellen; ferner die Begabung des *Urteilens*, die in einer reinen Form nicht anzutreffen ist, da die Tests, die diese Begabung messen sollen, immer von wichtigen sprachlichen oder räumlichen Vor-

Raumvorstellung: die Fähigkeit, geometrische Figuren nur durch das Vorstellungsvermögen zu erfassen.

Faktoren, die mit Hilfe des Primärfähigkeitentests von Thurstone (primary mental abilities = PMAs) ermittelt wurden:

Faktor V Sprachbeherrschung – Testaufgaben: bedeutungsgleiche Wörter
Faktor N Rechengewandtheit – Testaufgaben: einfache Rechenaufgaben.
Faktor S Raumvorstellung – Fähigkeit, geometrische Figuren nur durch das Vorstellungsvermögen zu verändern.
Faktor M Gedächtnis – Fähigkeit, Begriffe, Zahlen oder Zeichnungen zu behalten.
Faktor R Schlußfolgerndes Denken – Die Testaufgaben bestanden in der Ergänzung von Buchstabenserien, Zahlen oder Zeichnungen nach einem bestimmten Schema.
Faktor W Assoziatives Denken – Die Testaufgaben bestanden darin, Wörter mit gemeinsamen Merkmalen zu finden. Zum Beispiel solche, die mit einem gemeinsamen Buchstaben oder einer gemeinsamen Vorsilbe beginnen.

Folgende Aufgaben sind im Wechsler-Test enthalten:

Sprachliche Aufgaben:

Informationen, die Erfahrungen und Lernprozesse liefern.
Verständnis, praktische Kenntnisse und soziales Urteilsvermögen.
Mathematik, Konzentration und rechnerisches Denken.
Affinität, logisches und abstraktes Denkvermögen.
Wortschatz, Kenntnisse des üblichen und des akademischen Sprachgebrauchs.
Zahlen, Aufmerksamkeit und Zahlengedächtnis.

Technische Aufgaben:

Unvollständige Figuren: Scharfsinn und visuelles Gedächtnis.
Kurzgeschichten: Beurteilung einer sozialen Situation.
Würfel: Analyse und Synthese abstrakter Figuren.
Codes: Schnelligkeit im Lernen und Anwenden einer Symbolschrift.
Labyrinthe: Entwerfen und Verfolgen eines optischen Modells.

aussetzungen ausgehen, und die Gedächtnisfähigkeit, die eine besonders komplexe Struktur aufweisen kann, je nachdem, was zu welchem Zeitpunkt behalten werden muß.

Über den G-Faktor Spearmans weiß man sehr wenig. Es wird angenommen, daß es sich um eine Art *geistiges Potential* handelt, das eingesetzt und erweitert wird bei Problem- und Konfliktlösungen. Diejenigen, die auf der Seite der Umwelttheorie stehen, lehnen diese scheinbar objektiven Tests ab, da sie ihrer Meinung nach soziokulturell festgelegt, das heißt ideologisch belastet sind.

Spearman räumt ein, daß unter dem Faktor G außer den spezifisch geistigen Elementen – sprachliche und mathematische Begabung – auch noch außerintellektuelle Momente wie Motivation und Persönlichkeit eine Rolle spielen, die «wir nicht messen können, aber bei der Intelligenzmessung vorhanden sind, ohne daß wir wissen wie».

Der allgemeine Intelligenzfaktor Der Erfinder einer metrischen Skala für Erwachsene, Wechsler, geht davon aus, daß die Summe aller spezifischen Begabungen nicht ausreicht, um die Intelligenz zu erkennen. Er fügt seiner Theorie das Element G hinzu, welches er als einen allgemeinen Intelligenzfaktor versteht und als eine besondere Form von Energie definiert. Diese «Energie» oder Fähigkeit, richtig oder falsch zu handeln, vernünftig zu handeln oder nicht, wird durch den Intelligenztest meßbar.

Der Leistungstest Wechslers Ausgangspunkt waren die sprachlichen Testreihen Binets. Er fügte aber eine weitere Dimension hinzu, die der Handlung, die zu den sogenannten Leistungstests führte. Der Leistungstest ist ein Verfahren zur Bestimmung der momentanen Leistungsfähigkeit eines Individuums spezifischen Aufgaben gegenüber, beziehungsweise Gebieten. Leistungstests messen, in welchem Ausmaß der einzelne von einer bestimmten Unterweisung profitiert hat. Sie gestatten im allgemeinen keine Aussagen über die Eignung einer Person für bestimmte künftige Arbeits- oder Aufgabenbereiche. Hierfür gibt es wiederum spezielle Eignungstests.

Was die Tests letztendlich messen ist also eine Art von geistiger Anpassungsfähigkeit, als eine Voraussetzung für die wirkungsvolle Auseinandersetzung mit der Umwelt.

Das wichtigste für Jean Piaget ist das Begreifen der Intelligenz: Was ist sie, wie funktioniert sie, welche Phasen durchläuft sie während ihres Entwicklungsprozesses, kurz, wie entsteht sie? Seine Versuche sind, zumindest primär, nicht darauf ausgerichtet, Intelligenz zu messen, um Begabte von Mittelmäßigen oder minder Begabten zu unterscheiden. Vielmehr will er herausfinden, in welchem Stadium seiner Entwicklung sich der einzelne befindet und wie sich die Begriffe und Zusammenhänge bilden, die zur Entwicklung seiner Intelligenz führen.

Welche Anforderungen muß ein psychologischer Test erfüllen, wenn er als wissenschaftlich gelten will? Die wissenschaftlichen Kriterien eines Tests sind: Gültigkeit, Verläßlichkeit und Standardisierung.

Gültigkeit eines Tests Zunächst erscheint ein Test dann gültig, wenn er die begabten Versuchspersonen von den weniger begabten trennen kann. Wer aber sind, im Falle eines Intelligenztests, die Begabten und wer die weniger Begabten? Yela meint dazu: «Um die Gültigkeit eines Intelligenztests zu prüfen, muß eine Beziehung zwischen den Ergebnissen des Tests und dem in Schule, Beruf und Familie erwiesenen Grad an Intelligenz der Testperson hergestellt werden. Das bedeutet,

Die Testergebnisse, die die beiden Bilder links zeigen, lassen nicht die Schlußfolgerung zu, daß Mädchen intelligenter sind als Jungen. Ein Test wird erst dann aussagefähig, wenn er mit einer bestimmten Anzahl ausgewählter Versuchspersonen durchgeführt wird. (Siehe auch Text S. 35, 37.)

daß der Maßstab der Gültigkeit ein äußerer ist: Schule, Familie, Beruf.»

Ein Intelligenztest unter Schülern erscheint dann gültig, wenn er die guten von den schlechten Schülern unterscheidet, denn man geht ja davon aus, daß ein guter Schüler intelligent ist. Wenn aber schon der Lehrer diese Aufgabe übernimmt, wofür dann noch die Tests? Vielleicht um ihm in extrem schwierigen Fällen behilflich zu sein oder um sich von vornherein darüber zu informieren, wer lernfähig ist und wer nicht, obgleich letzteres auch ein besonders umstrittener Anwendungsbereich ist.

Genauigkeit und Zuverlässigkeit Ein Test ist dann zuverlässig, wenn bei seiner Wiederholung unter gleichen Bedingungen gleiche Ergebnisse entstehen. Wollen wir zum Beispiel einen IQ messen, so setzt die Gültigkeit des Tests voraus, daß das gemessene Intelligenzpotential unabhängig vom Spezialisten, der den Test entwirft, von der Art der Versuche und von den Umständen der Durchführung immer dasselbe ist. Außerdem ist die «Neutralität» des Versuchsleiters oder des Psychologen, der die Tests leitet und auswertet, eine weitere unabdingbare Voraussetzung.

Der Testleiter als Unsicherheitsfaktor Besonders interessant ist die Frage, ob sich die Testsituation selbst auf irgendeine Weise auf das

Der Behaviorismus ist eine Richtung der Psychologie, die sich nur auf das Verhalten von Mensch und Tier in wechselnder Umwelt stützt. Behavioristen verwenden für die Durchführung psychologischer Tests sehr oft Ratten. Oben: Ratten im Labyrinth (rechts: nach einiger Zeit des Trainings).

Endergebnis auswirken und es sogar verzerren kann. Einige Experten sind der Meinung, daß die Testsituation derartig standardisiert ist, daß Verzerrungen nicht möglich sind. Andere, besonders Vertreter der klinischen Psychologie, behaupten, daß eine völlige Neutralität sowohl der Testbedingungen als auch des Testleiters unmöglich ist.

Rosenthal und die Chicagoer Schule ziehen die Möglichkeit einer Beeinflussung der Ergebnisse durch die «Erwartungen» des Testleiters in Betracht. Im Jahre 1963 wiesen sie 12 Wissenschaftler, die mit Ratten arbeiteten, darauf hin, daß die Fähigkeit der Tiere, sich in einem Labyrinth schneller oder langsamer und auf mehr oder weniger intelligente Art und Weise zurechtzufinden, durch genetische Kreuzungen beeinflußt werden könne. 60 Ratten wurden nach dem Zufallsprinzip unter die 12 Forscher verteilt. Die eine Hälfte von ihnen erhielt die Information, daß ihre Ratten sich im Labyrinth besonders geschickt anstellten – mit anderen Worten: intelligent seien –, während die andere Hälfte angeblich ungeschickte Ratten erhalten hatte. Am Ende der Experimente waren die «begabten» Tiere tatsächlich in der Lage, die Aufgaben viel schneller zu lösen als die anderen. Offensichtlich hatte dieser Gedanke die Versuchsleiter beeinflußt, obwohl die Ratten aufs Geradewohl verteilt worden waren.

1964 wurde von Rosenthal und Lawson ein weiterer Versuch durchgeführt, der von den Tieren kompliziertere Lernvorgänge erforderte; es wurde der gleiche «Trick» angewandt, und die Ergebnisse bestätigten erneut die Hypothese; die Ratten, die für die klügeren gehalten wurden, zeigten bessere Lernerfolge.

Ähnliche Versuche wurden auch mit Wasserwürmern durchgeführt. Die Ergebnisse wurden auch hier durch die Information beeinflußt, die die Experimentleiter erhalten hatten und durch die Erwartungen, die sie infolgedessen an die Tiere stellten.

Bei einer anderen Gelegenheit ließ Burnham 1966 23 Forscher wissen, daß er die Auswirkungen von Gehirnverletzungen auf das Lernvermögen der Ratten untersuchen wolle. Die Tiere wurden mit einem kleinen Schild versehen, auf dem stand, ob sie eine Gehirnverletzung hatten oder nicht. Die Schilder waren untereinander vertauscht, so daß die Angaben nicht immer stimmten. Es zeigte sich, daß die gesunden Ratten, die ein Schild mit dem Hinweis «verletzt» trugen, trotzdem gute Ergebnisse erzielten, die tatsächlich verletzten aber, die für gesund ausgegeben worden waren, die gleichen Ergebnisse wie die gesunden erzielten.

Beziehungen zwischen Testleiter und Versuchsperson René Zazzo führte einen Versuch durch, bei dem er die Auswirkungen der wechselseitigen Beziehung zwischen dem Versuchsleiter und der Versuchsperson feststellen wollte. Die erste Phase des Versuchs bestand darin, ein bestimmtes Zeichen aus einer Menge verschiedener Zeichen herauszufinden. In der zweiten Phase mußten zwei solche Zeichen herausgesucht werden. Anschließend wurden die Geschwindigkeiten für die erste und die zweite Aufgabe errechnet, Fehler oder Korrekturstellen ausgezählt und die Leistungs- und Geschwindigkeitsquotienten ermittelt. 95 Psychologiestudenten beider Geschlechter beteiligten sich an diesem Versuch. Sie wurden willkürlich auf drei Versuchsleiter verteilt. Das Team setzte sich aus einem 25jährigen Mann, einer 29jährigen Frau und dem 40jährigen R. Zazzo zusammen, der die gleichen Psychologiestudenten später im Examen prüfen würde. Beim ersten Versuch erhielten die Männer unabhängig vom Geschlecht des Versuchsleiters übereinstimmende Ergebnisse, während die Ergebnisse der Frauen je nach Versuchsleiter variierten. Dieses Phänomen wurde beim zweiten Versuch noch deutlicher.

Insgesamt erhielten die männlichen Versuchspersonen bei der Versuchsleiterin und beim gleichaltrigen Versuchsleiter bessere Resultate,

Versuchstest von René Zazzo zur Ermittlung der Wechselwirkung zwischen Versuchsleiter und Testperson

	Versuchspersonen	Versuchsleiter
Gruppe I	15 Männer (Durchschnittsalter 30 Jahre) 15 Frauen (Durchschnittsalter 27 Jahre)	R. P. (Mann)
Gruppe II	17 Männer (Durchschnittsalter 27 Jahre) 15 Frauen (Durchschnittsalter 25 Jahre)	L. M. (Frau)
Gruppe III	15 Männer (Durchschnittsalter 28 Jahre) 18 Frauen (Durchschnittsalter 28 Jahre)	R. Z. (Mann)
	95 Versuchspersonen insgesamt (Studenten)	

Ergebnisse — **Geschwindigkeit**

	Gruppen	G 1	G 2	GQ (1)
R. P.	1 (m)	294,5	132,3	0,9113
	1 (w)	284,0	130,5	0,9246
L. M.	2 (m)	299,3	137,7	0,9252
	2 (w)	292,6	130,7	0,8960
R. Z.	3 (m)	299,3	129,0	0,8846
	3 (w)	310,8	151,1	0,9933

Ungenauigkeiten (I) und Leistung (R)

	Gruppen	U 1	U 2	L 1	L 2	LQ (2)
R. P.	1 (m)	2,980	8,016	356,2	308,4	0,8653
	1 (w)	2,826	4,746	344,4	308,2	0,8977
L. M.	2 (m)	1,552	5,606	363,3	328,1	0,8922
	2 (w)	3,360	6,813	352,8	304,5	0,8610
R. Z.	3 (m)	3,786	8,826	360,2	299,9	0,8424
	3 (w)	3,150	8,838	376,9	339,7	0,9205

GQ = Geschwindigkeitsquotient
LQ = Leistungsquotient

das heißt, bei denjenigen, die sie später nicht durch die Psychologieprüfung zu führen hatten. Die Frauen dagegen erreichten etwa die gleiche Punktzahl wie die Männer bei den genannten Versuchsleitern, verbesserten ihre Ergebnisse jedoch erheblich bei Prof. Zazzo, von dem am Ende ihrer Studienzeit die Abschlußzensur abhängen würde. Die Beziehung zwischen beiden Geschwindigkeiten ergibt sich aus dem Geschwindigkeitsquotienten GQ.

Mit einer ähnlichen Frage beschäftigen sich die Untersuchungen von W. Labow. Ihm ging es dabei um Sprachprobleme von Kindern in einem Neger-Arbeiterviertel in New York, Harlem. Dabei konnte er feststellen, daß Negerkinder, die von einem weißen Psychologen befragt wurden, der in seinem Sprechzimmer hinter einem Schreibtisch sitzend eine einladende, aber dennoch neutrale Haltung einnahm, für wenig sprach-

Gruppentests können unter Umständen den Einfluß des Versuchsleiters auf die einzelne Versuchsperson verringern.

begabt gehalten wurden. Wurden aber die gleichen Kinder von einem schwarzen, selbst in Harlem wohnenden Versuchsleiter in ihrer Wohnung und unter Freunden, das heißt in ihrer «normalen» Umgebung befragt, so zeigte sich, daß ihre Sprache und Ausdrucksfähigkeit bedeutend vielfältiger war, als der Psychologe bei der ersten Befragung vermutet hatte.

Ein weiteres bemerkenswertes Beispiel berichtete die algerische Psychologin Tula Lambiotte. Während sie in Frankreich arbeitete, wurde ihr ein algerisches Kind gebracht, das vom Schulpsychologen als minderbegabt eingestuft worden war. Als Frau Lambiotte das Kind auf arabisch ansprach, stellte es sich als außerordentlich intelligent heraus.

Typisierbarkeit eines Tests Ist erst einmal die Gültigkeit und die Zuverlässigkeit eines Tests geprüft worden, müssen die erreichbaren Punktwerte interpretiert werden. Das Ergebnis eines Tests ist zunächst nur eine Zahl, die noch nichts darüber aussagt, wie die Testperson einzuordnen ist. Um einen Test typisieren zu können, müssen die Ergebnisse einer Population* miteinander verglichen werden. Kurz: einen Test typisieren heißt, die Punktwerte aller Tests innerhalb einer Population zu ermitteln und zu ordnen.

Eine weibliche Versuchsperson kann zum Beispiel dadurch beeinflußt werden, daß der Versuchsleiter ein Mann ist. Das gleiche gilt natürlich auch umgekehrt.

Der Idealfall wäre natürlich, wenn sämtliche Personen einer Bevölkerung erfaßt werden und jeder Fall einzeln untersucht werden könnte. Dies ist aber nicht möglich, und darum wird nur eine bestimmte Anzahl von Personen berücksichtigt, die man in der Statistik als «repräsentative Stichproben» bezeichnet. Will man zum Beispiel eine Untersuchung über alle Kinder eines Landes durchführen, so muß zunächst die Zusammensetzung der Population ‹Kinder› ermittelt werden: wie hoch ist der Anteil von Jungen und Mädchen, wie viele Kinder leben in der Stadt, wie viele auf dem Lande? Welchen Gesellschaftsschichten und welchen Altersgruppen gehören sie an? Sind all diese Angaben vollständig, wählt man aus jeder Teilgruppe eine kleinere Stichprobe, so daß dann die Gesamtzahl der Stichproben den Eigenschaften der gesamten Population entspricht.

Nach der Durchführung des Tests wird eine Bezugstabelle erstellt, an Hand derer die Punktzahl der einzelnen Testpersonen untereinander verglichen werden kann. Dies ermöglicht eine Bewertung des einzelnen Individuums im Hinblick auf andere und auf das Gesamtergebnis. Nur diese Verfahrensweise erlaubt einen Vergleich von Testpersonen untereinander und nur so kann ein Test die dritte Voraussetzung, die Typisierung, erfüllen. Da sich die Populationen aber verändern, müssen auch die Modelle ständig überprüft und den sich ändernden Verhältnissen angepaßt werden. In Frankreich zum Beispiel mußten im Jahre 1949 die Tests von Binet den Entwicklungen angeglichen werden, denn die Ergebnisse entsprachen nicht mehr den ursprünglichen Bezugstabellen. Wenn die Stichproben, an Hand derer ein Test typisiert worden ist, nicht mehr aktuell sind, besteht die Gefahr nicht nur eines wissenschaftlichen, sondern auch eines sozialpolitischen Mißbrauchs des Verfahrens.

Die Testsituation und ihr Einfluß auf die Versuchsperson M. Richelle behauptet, daß der Psychologe auf Grund der Eigenart seines Versuchsobjektes beim Test die Rolle einer nur schwer zu kontrollierenden Variablen spielt. Wir erinnern daran, daß die experimentelle Methode sich eigentlich auf ein objektives, meßbares Vorgehen beruft, bei dem eine oder mehrere Variablen existieren, die vom Testleiter nach eigener Wahl verändert werden können, je nachdem was er beabsichtigt und wie seine Konzeption des Versuchs aussieht. Damit sind vor allem die verschiedenen Situationen und deren Reize gemeint. Dennoch fließt in die Antworten des Kindes eine weitere variable Komponente ein: die Testsituation selbst, das heißt, die Zeitspanne, in der der Test durchgeführt wird. Daher steht die Frage nahe, ob ein Schüler, dessen schulische Leistungen hervorragend sind, bei einem Test ein ähnliches Verhalten zeigt wie ein durch Probleme belastetes Kind.

Ein selbstsicheres Kind wird weniger leicht durch die ihm unbekannte

Einige Menschen sind für Tests außerordentlich schlecht geeignet, was sich natürlich im Testergebnis negativ widerspiegelt. Oben: Einfache Testaufgaben – Ordnen nach Form und Größe.

Situation verunsichert sein als ein ängstliches oder gehemmtes Kind. Was wissen wir über die emotionale Belastung, mit der ein solches Kind in die Testsituation hineingeht? Bislang sind nur wenige Versuche unternommen worden, diese Frage zu beantworten, wobei man sich auf der Versuchsebene auch einigen besonderen Schwierigkeiten gegenübersieht; dennoch haben sich Psychologen dieses Problems angenommen. M. Perron-Borelli und R. Perron haben versucht, diese Beziehung zu analysieren. Das Kind fühlt sich beurteilt, wenn es einen Test durchführen soll. Geht es doch darum, seine Fähigkeiten zu beweisen; hat es auf Grund vergangener Erfahrungen, zum Beispiel durch die Bewertung seiner Schulleistungen, ein Negativ-Bild von sich selbst, so wird es mit einem geringen Selbstwertgefühl den Test antreten. Wird es versuchen, sich zu verteidigen und zu zeigen, daß es doch den Erwartungen entspricht? Wird es dadurch frei von Konflikten mit sich selbst und mit den anderen?

Im folgenden wollen wir uns die Ergebnisse ansehen, die ein und dasselbe Kind bei ein und demselben Test, den es nach einem dreimonatigen Abstand zum zweitenmal absolvierte, erzielte. Beim ersten Test war die Mutter dabei – was allein schon der normalen Testsituation widerspricht. Das neun Jahre und vier Monate alte Kind erreichte ein Intelligenzalter von 9 Jahren, also geringfügig niedriger als sein Lebensalter; drei Monate später wird der gleiche Test von einem anderen Psychologen und ohne daß die Mutter anwesend ist, durchgeführt: das Kind erreichte außerordentlich gute Resultate und lag mit seiner Punktzahl 75 % über den anderen Kindern seines Alters. Hat sich das Kind in drei Monaten derartig verändern können? Nein. Nur die Testsituation war eine andere.

Kann ein Versuchsleiter objektiv sein? Wie sieht ein Kind oder ein Erwachsener, die an einem Test teilnehmen, den Versuchsleiter? Er ist selbstverständlich ein Mann wie jeder andere auch, und doch verfügt er über einen bestimmten *Status*, der für die Testperson je nach der Gesellschaftsschicht, aus der sie kommt, eine besondere Bedeutung hat. Ein Kind mit Schulproblemen, das einem relativ niedrigen sozialen und kulturellen Niveau angehört, könnte zum Beispiel im Psychologen einen Lehrer sehen, der ihn als schlechten Schüler verurteilt. Dies kann noch durch das Erscheinungsbild des Versuchsleiters wie Kleidung, Bewegungen, die Art zu sprechen und zu gestikulieren, verstärkt werden. Was wissen wir über die bewußten oder unbewußten Ängste, die der Versuchsleiter in diesem Kind hervorruft? Wir haben bereits die Untersuchungen Rosenthals über die «Erwartungshaltung» der Versuchsleiter erwähnt, und kaum einer weiß, wie die Psychologen mit dieser Situation und der eigentlichen Forderung nach Objektivität fertig werden.

Viele Psychologen behaupten, objektiv zu sein, indem sie sich einfach an den Gesetzen des Experiments selbst orientieren. Dennoch zeigen Rosenthals Ergebnisse deutlich, daß die Versuchsleiter zum Beispiel 2,4mal mehr Blickkontakte mit weiblichen als mit männlichen Versuchspersonen hatten. «Die psychologischen Eigenschaften des Versuchsleiters beteiligen sich ebenfalls auf subtile Art und Weise am Testergebnis», meint Richelle.

So könnte man, Richelles Erfahrungen folgend, fragen, ob ein Psychologe allgemein von der Testsituation etwas erwartet. Handelt es sich um ein reines Experiment, geht er von einer Hypothese aus und sieht diese lieber bestätigt als in Frage gestellt? Auch wenn seine Absichten pragmatischer sind, so wird er trotz aller Bemühungen um Objektivität ganz bestimmte Leistungs- oder Reaktionserwartungen in sein Gegenüber legen, und sei es nur auf Grund eines bestimmten Eindrucks, den er von ihm gewonnen hat. Es ist jedoch noch nicht gelungen, diejenigen Verhaltensmerkmale zu entdecken, die innerhalb einer Beziehung zwischen Versuchsperson und Versuchsleiter letzteren beeinflussen.

Zusammenfassend läßt sich sagen, daß die Genauigkeit einer Messung auch von der Versuchssituation selbst, einschließlich all ihrer Unklarheiten, abhängig ist.

Um diese Beeinflussung der Testperson durch den Versuchsleiter nach Möglichkeit auszuschalten, ist man dazu übergegangen, Kollektivtests durchzuführen, wenngleich dadurch auch noch nicht die individuellen Beziehungsgeflechte, die die Ergebnisse verfälschen können, restlos ausgeschaltet sind.

Angesichts dieser Situation schlagen die einen die völlige Aufgabe von Intelligenztests vor, da sie den wissenschaftlichen Anforderungen nicht entsprechen. Andere plädieren für ihre Weiterverwendung, allerdings mit äußerster Vorsicht. Die Schulpsychologie sollte nicht nur Kinder, die in irgendeiner Weise auffällig werden, einem Test unterziehen, denn diese sehen den Schulpsychologen nicht als einen Teil der schulischen Einrichtung an, sondern als eine Art psychotechnisches Labor, dem sie ausgeliefert werden, weil mit ihnen irgend etwas nicht stimmt. Vielmehr sollten Tests für alle Schulkinder eingeführt werden, unabhängig von ihren schulischen Leistungen.

Test–Retest, eine notwendige Kontrolle Die Genauigkeit der Tests wirft die Frage nach der Konstanz des gemessenen Intelligenzpotentials auf, das durch den Intelligenzquotienten IQ zum Ausdruck kommt. Terman bestand darauf, daß die IQ-Konstanz außerordentlich groß sei, abgesehen von einigen Fällen, die auf eine falsche Anwendung der Tests oder auf Veränderungen der Personen zurückzuführen sind. Dennoch gibt es viele Experten, die darüber abweichender Meinung sind und ihre Skepsis an Hand einer Reihe von Experimenten im Hinblick auf die IQ-Konstanz belegen.

Um die Zuverlässigkeit eines Tests beziehungsweise die Genauigkeit einer Messung zu überprüfen, bedient sich der Psychologe des *Test–Retest-Verfahrens,* das heißt, er führt zwei Messungen zu zwei verschiedenen Zeitpunkten durch; sind die Ergebnisse gleich, kann man darauf schließen, daß der Test zuverlässig ist.

1945 arbeitete Gille ein Mosaik-Test aus, bei dem er sich des Test–Retest-Verfahrens bediente, und führte beide Tests mit einem zeitlichen Abstand von 7 Monaten durch. Das Schaubild zeigt die Abweichungen, die sich dabei ergaben: Im Alter von 9 Jahren behalten 60 % der Testpersonen die gleiche Position (23 von 38, wobei 23 = 9 + 5 + 9); im Alter von 10 Jahren 59 % (85 von 143; 85 = 30 + 20 + 35) und im Alter von 11 Jahren 49 % (68 gegenüber 70, die nicht konstant blieben; 68 = 29 + 11 + 28).

Maria Skodak und Harold M. Skeels führten nach diesem Verfahren

Das Verhalten des Testleiters wirkt sich entscheidend auf die Bereitwilligkeit eines Kindes aus, seine tatsächlichen psychologischen Merkmale zu zeigen.

eine Untersuchung durch, bei der sie 100 Versuchspersonen testeten. Dabei erreichten 78 % der Kinder in jedem der 5 durchgeführten Tests andere Resultate:

– Kein Kind erhielt 5- oder 4mal das gleiche Ergebnis –
– Nur 1 von den hundert Kindern erhielt 3mal hintereinander die gleichen Ergebnisse –
– Nur 22 % erhielten das gleiche Ergebnis 2mal –

Die Unterschiede in der jeweils erhaltenen Punktzahl waren oft beträchtlich.

Die Ergebnisse dieser Untersuchung und die Schlußfolgerungen, die daraus gezogen werden können, sollten alle zu mehr Umsicht im Umgang mit Tests anhalten.

Das Gille-Mosaik (1945)

Testkontrolle bei 9jährigen

Test	Schwache	Mittelmäßige	Starke	Insges.
Schwache	9	3	0	12
Mittelmäßige	4	5	**4**	13
Starke	0	4	**9**	13
Total	13	12	13	38

Testkontrolle bei 10jährigen

Test	Schwache	Mittelmäßige	Starke	Insges.
Schwache	**30**	19	2	51
Mittelmäßige	13	**20**	12	45
Starke	2	10	**35**	47
Insgesamt	45	49	49	143

Testkontrolle bei 11jährigen

Test	Schwache	Mittelmäßige	Starke	Insges.
Schwache	**29**	14	5	48
Mittelmäßige	13	**11**	15	39
Starke	7	16	**28**	51
Insgesamt	49	41	48	138

Rechts: Testaufgabe. Suchen Sie unter den numerierten Figuren die richtige heraus.
Unten: Wie erlebt das Kind die Schule? Was geschieht dort? Gehört ein Kind von Anfang an zu den Besten oder landet es gleich im «unintelligenten» Teil der Klasse? Diese Fragen haben mehr Bedeutung für den IQ eines Kindes als alle anderen Faktoren.

Vererbung und Milieu

Eine Wissenschaft, die immer enger mit der Psychologie verbunden ist, ist die Pädagogik. Über die Entwicklung und Auswirkungen dieser Beziehung und über die Zukunftsperspektiven der Psychologie setzen wir unser Interview mit Professor R. Zazzo fort.

Wie sehen Sie das Verhältnis zwischen der allgemeinen kindlichen Entwicklung und der Lernfähigkeit?
Ich selber war Schüler Gesells, eines der Pioniere der Kinderpsychologie. Er untersuchte die Problematik der Reife und der Lernfähigkeit des Menschen vom Kleinkindalter an. Jeder wußte damals, daß das Kind zunächst eine motorische Reife entwickelte, doch inwieweit spielen hier schon Umwelterfahrungen und Lernprozesse eine Rolle? Ich meine nicht das systematisch Gelernte, sondern die allgemeinen Lernerfahrungen des Kindes.

Gesell bediente sich einer damals völlig neuen Methode, indem er identische Zwillinge untersuchte. Den einen Zwilling ließ er sich im Rahmen seiner natürlichen Umweltbedingungen entwickeln, den anderen unterzog er einem intensiven Unterricht. Die ersten Erfahrungen machte er im Hinblick auf das Laufenlernen der beiden. Der eine lernte aus eigener Initiative laufen, der andere erhielt jeden Tag seinen «Unterricht im Treppensteigen». Der Versuch wurde für eine Weile unterbrochen und die beiden Kinder kamen in ihre normale Umgebung zurück. Zunächst konnte der trainierte Zwilling die Treppen viel geschickter steigen als der untrainierte, nach drei Wochen aber hatte ihn sein Bruder bereits «eingeholt». Daraus schloß Gesell, daß bewußtes Lernen im Grunde genommen unnötig war, eine These, die von vielen amerikanischen und sowjetischen Psychologen wieder aufgenommen wurde.

Dennoch hat sich auf anderen Gebieten erwiesen, daß der Lernprozeß außerordentlich wichtig ist. Hier geht es nicht mehr nur darum, innerhalb einer statistisch betrachteten Population individuelle Unterschiede herauszufinden, auch geht es nicht darum, Vererbung und Milieu in einem *statischen* Sinne zu untersuchen. Vielmehr handelt es sich um zwei Prozesse: Reifung und Lernprozesse beziehungsweise Erziehung. Psychologen haben nachgewiesen, daß Lernprozesse je nach Altersstufen und dem Gebiet, in dem sie stattfinden, den Reifungsprozeß erheblich, mittelmäßig oder kaum wahrnehmbar beschleunigen können. Der gegenwärtige Stand unserer Wissenschaft erlaubt es uns, zu behaupten, daß das Lernen nur innerhalb eines vom Reifungsprozeß gesteckten Rahmens möglich ist. Das ist auch der Grund, weshalb Piaget und Wallon gegenüber den amerikanischen Experimenten, nämlich einem zweijährigen Kind das Lesen beizubringen, so skeptisch sind. Es gibt eine

Grenze, einen durch den Reifungsprozeß festgelegten Spielraum, der nicht überschritten werden kann.

Die Bildungsprogramme scheinen nicht immer diesen Stand der Diskussion zu berücksichtigen. Wie schätzen Sie den Beitrag der Psychologie auf diesem Gebiet ein? Stehen die Erziehungs- und Bildungsmethoden nicht weit hinter den Erkenntnissen der Psychologie zurück?
Mit der Antwort, die Sie in der Formulierung Ihrer Frage bereits gegeben haben, bin ich einverstanden, möchte aber dennoch zu einem Teil unserer Programme etwas sagen. In unseren Programmen fließt, was die Altersstaffelung betrifft, unsere Erfahrung mit ein. Als wir 1945–1946 die Schulpsychologie gründeten, unternahmen wir mit den von uns ausgebildeten jungen Psychologen eine strenge Untersuchung unserer Programme. Zum Beispiel stand für uns die Frage offen, ob in einem Fach wie der Mathematik ein Kind einer bestimmten Altersstufe ein ganz bestimmtes Pensum zu erfüllen habe. Die Untersuchung ergab, daß unsere Programme der durchschnittlichen altersmäßigen Entwicklung der Kinder um ein Jahr voraus waren, und das war natürlich ein schwerwiegender Fehler.

Eines jedoch ist dabei ganz deutlich geworden: die Lehrer und Erzieher müssen in jedem Fall über gute Grundlagenkenntnisse in der Kinderpsychologie verfügen, so daß sie einen sinnvollen Zusammenhang zwischen Pädagogik und Psychologie herstellen und unmittelbar anwenden können. Andernfalls besteht die Gefahr, Projekte ohne die entsprechende theoretische und praktische Basis voreilig verwirklichen zu wollen. Wir stellen unsere Untersuchungsergebnisse jedem zur Verfügung, aber sie erhalten einen ganz anderen Wert, eine andere Dimension, sobald sie im schulischen Bereich eingesetzt werden. Man kann auf diesem Gebiet sehr bittere Enttäuschungen erfahren, die auf eine falsche Anwendung psychologischer Erkenntnisse zurückzuführen sind, man kann aber auch sehr positive, manchmal sogar außergewöhnliche Resultate erzielen. Eine meiner Schülerinnen, Frau Angela Skuras, arbeitet in London und hat eine sehr interessante These aufgestellt. Sie ging an eine Vorortschule, die für die Kinder ein sehr ungünstiges Milieu darstellte, denn sie wurden künstlich auf einem Kleinkindniveau gehalten und wiesen Entwicklungsschwächen auf, die sonst nur bei Kindern zu verzeichnen sind, deren Umweltbedingungen extrem ungünstig sind. Für die Dauer eines Jahres teilte sie die Kinder in drei Gruppen auf: die erste wurde einem sprachwissenschaftlichen Programm unterzogen, die zweite einem von Frau Skuras selbst entwickelten Piaget-Programm, welches die Intelligenz mit Hilfe konkreter Aufgaben bemessen sollte, und die dritte Gruppe diente als Kontrollgruppe. Am Ende des Jahres hatten die Kinder der zwei ersten Gruppen die gleichen Ziele erreicht wie Mittelschichts-

Die Aufgabe des Psychologen besteht unter anderem darin, die Eigenschaften eines Kindes zu analysieren, die in seinen Zeichnungen zum Ausdruck kommen.

kinder, und hatten somit einen Rückstand von etwa einem bis eineinhalb Jahren aufholen können, was für ein 5–6jähriges Kind sehr viel bedeutet. Dieser Versuch würde beweisen, daß die Vererbung keine Rolle spielt. Woher können wir aber wissen, daß die Umwelt, in der sie die ersten Jahre ihres Lebens verbracht hatten, nicht vielleicht doch die Fähigkeiten zerstört hat, die latent in ihnen vorhanden waren?

Immer wieder versucht man, aus wissenschaftlichen oder aus praktischen Gründen die Intelligenz zu messen. Welche Faktoren spielen dabei eine Rolle und welche Probleme ergeben sich daraus?
Vielleicht sollten wir zunächst sehen, wie Binet, der ‹Vater› der Intelligenztests, dieses Problem gelöst hat. Er war von einer sehr allgemeinen und sehr einfachen Definition von Intelligenz ausgegangen: Intelligenz als etwas, was gleichzeitig Urteilskraft, Denkvermögen und gesunden Verstand beinhaltet. Auf dieser Grundlage entwickelte er dann einfache Versuchstests und arbeitete anschließend mit Kindern. Sein Ziel bestand darin, diese erste Definition von Intelligenz verbessern und noch genauer definieren zu können; dazu beobachtete er das gesamte Verhalten und non-verbale Verhalten der Kinder bei kleineren und größeren Aufgaben. Dann definierte er Intelligenz als ein *Mosaik* unterschiedlicher Aktivitäten. Intelligenz bestand für ihn nicht nur aus dem Verstand und den sensomotorischen Fähigkeiten. Wenn wir davon ausgehen, daß Intelligenz eine sehr allgemeine Form der Anpassung an eine Situation oder die Lösung eines Problems ist, dann löst sie eine Reihe kognitiver Prozesse, das heißt Erkenntnisprozesse, aus. Irgendwie, durch einen genialen Einfall oder einen Glückstreffer, schuf Binet jenes Meßinstrument, welches ihm von den Kindern selbst, mit denen er so lange gearbeitet hatte, diktiert wurde. Das heißt, Binet ist auf empirische Art und Weise vorgegangen. Außerdem waren seine Tests nicht dafür da, wie viele behauptet haben, Schulwissen abzufragen, sondern herauszufinden, welche Fähigkeiten und geistigen Funktionen für den schulischen Erfolg notwendig sind.

Spearman bemühte sich, den geistigen *Kern* der Intelligenz, den sogenannten G-Faktor (allgemeiner Faktor) ausfindig zu machen, der allen kognitiven Funktionen zugrundeliegen sollte. Dafür ging er den umgekehrten Weg wie Binet. Er wollte kein auf mathematische Prozesse begründetes Mosaik aller kognitiven Funktionen erstellen, sondern suchte den gemeinsamen Nenner aller Geistestätigkeiten. So wurden auf der Grundlage des Faktors G Versuche gemacht, die die Intelligenz, insofern sie Geistestätigkeiten umfaßt, registrieren sollten.

Piaget seinerseits strebt nicht die Messung der Intelligenz im konventionellen Sinne an. Vielmehr bestand seine Arbeit darin, die Entstehung und Entwicklung von Denkprozessen zu beobachten, eine Arbeit, die ohne Zweifel unsere besondere Aufmerksamkeit verdient.

Berücksichtigen diese Tests auch andere Aktivitäten als die rein intellektuellen?
Nein, ich selbst habe bisher drei verschiedene Typen von Intelligenz beschrieben: Intelligenz als *Mosaik* unterschiedlicher Aktivitäten, das Spearmansche Intelligenzkonzept, welches sich auf die kognitiven Funk-

tionen bezieht, und Intelligenz als Synonym für Geistestätigkeit nach Piaget. Intelligenz kann aber noch andere Bedeutungen haben, zum Beispiel die situationsbedingte Intelligenz. Wenn wir zwei uns gegenüberstehen, können wir uns unter Umständen durch bestimmte Kopfbewegungen oder durch einen bestimmten Tonfall verständigen. In diesem Sinne ist auch ein 3–4jähriges Kind ein «Psychologe», der die Möglichkeit einer intuitiven Intelligenz besitzt. Es gibt eine Richtung unserer Intelligenz, die in bestimmten Situationen zum Tragen kommt. Um diese haben sich die Psychologen bislang weniger Gedanken gemacht als um die Intelligenz als Voraussetzung für den schulischen Erfolg. Nicht umsonst steht diese spezifische Form der Intelligenz, wie Binet sagt, in den Schulen an erster Stelle, und das wird zunächst noch so bleiben. Man kann aber auch sagen, daß es so etwas wie eine Intelligenz auf der Wahrnehmungsebene gibt. Beim Menschen kann diese Intelligenz bewußt gemacht werden: ein Sportler, der erfolgreich sein will, wird von dieser Intelligenz ausgehen, wird sie aber durch den Verstand in die richtigen Bahnen lenken. Ich selber bin immer noch der Meinung, daß die von Wallon erwähnte «Situationsintelligenz» schon in den ersten Lebenstagen eines Kindes vorhanden ist. Leider ist sie bislang nicht genügend berücksichtigt worden.

Wie sehen Sie die zukünftige Entwicklung der Psychologie?
Die grundlegenden Entwicklungen wie zum Beispiel der Einfluß der Vererbung und der Umwelt, entwickeln sich innerhalb der Psychologie anscheinend in eine neue Richtung. Besonders die Britische Schule hat innerhalb der Persönlichkeitsforschung Faktoren entdeckt, die man vor zehn Jahren nicht einmal vermutet hätte. Diese neue Bewegung versucht zahlreiche bekannte Ansätze weiter zu differenzieren. «Man spricht von Intelligenz, von Sprache, von Persönlichkeit», sagen ihre Vertreter, «und das ist verfrüht. Man kann nicht mit so schlecht operationalisierten Begriffen arbeiten.» Begriffe, zum Beispiel aus der Psychologie, zu operationalisieren, bedeutet ihre Präzisierung und gleichzeitige Standardisierung, indem man die Operationen angibt, die zur Erfassung des durch den Begriff bezeichneten Sachverhaltes notwendig sind. Diese Bewegung erinnert an das, was François Jacob in seinem Buch *Die Logik der Lebewesen* beschrieb: Der Fortschritt der Biologie hat zur Klärung grundlegender Mechanismen beigetragen. Vielleicht kann man das eines Tages auch von der Psychologie sagen.

Eine andere Strömung, die Psychoanalyse, hat ihre Grundlagen in der Phänomenologie, das heißt, sie ist eine Wissenschaft von den Erfahrungen des Bewußtseins und *geht* auf das Ganze *zu*, sie kümmert sich mehr um das «Gelebte». Das Wort «*Erlebnis*», welches in der deutschen Sprache eine sehr konkrete Bedeutung hat, hört sich in anderen Sprachen lä-

In vielen Ländern der Erde haben Kinder kaum Gelegenheit, die Dinge zu tun, die ihrem Alter und ihren Bedürfnissen entsprechen.

cherlich an. Wir können nicht einfach ein Element isoliert betrachten, genausowenig wie wir es mit einem Individuum tun können, welches noch immer in bezug auf eine Gesamtheit, durch seine Beziehungen zu anderen Individuen und in einer Form, die nur dieses Individuum so empfinden kann, existiert. Es geht also bei dieser Strömung darum, Gesamtheiten zu sehen, Gesamtheiten, die uns den Sinn *zeigen*.

Diese beiden Richtungen entfernen sich immer weiter voneinander. Ich bin niemand, der sich einer Vielzahl von Theorien bedient, aber ich

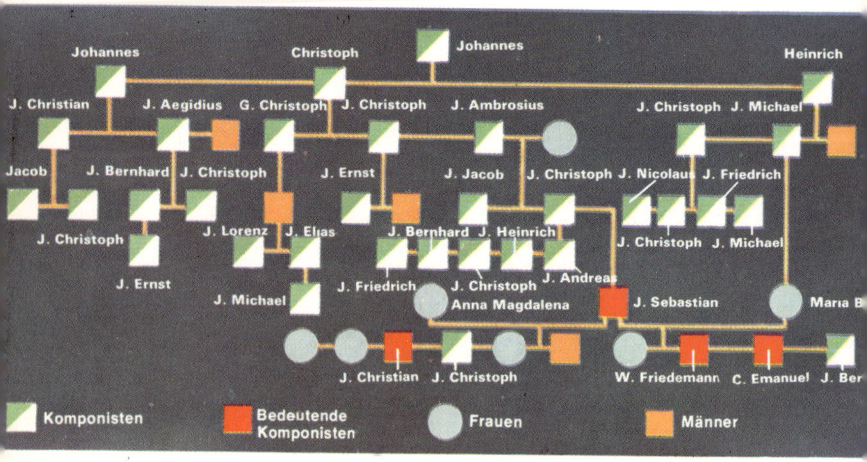

Stammbaum der Familie Bach.
Überdurchschnittlich begabte Familien unterstützen die Theorie, daß die Erbanlagen großen Einfluß auf die Intelligenz haben. Dagegen steht die Milieutheorie, die den Einfluß der Erbanlagen ablehnt und die soziokulturellen Einflüsse für entscheidend hält.

glaube, beide haben recht. Beide Richtungen sollten sinnvoll miteinander verbunden werden.

In seinen Abschlußerklärungen meint Jacob: «Ich bin zur *Molekularbiologie* gelangt, aber andere Autoren sprechen von einer *organischen* Biologie, wie Dobjinski zum Beispiel. Zur Zeit gibt es *zwei* Forschungsrichtungen; aber man kann doch nicht, nur weil ich zu den Molekülen gelangt bin und sie ganz anders definiere als vor drei Jahrhunderten, eine Übereinkunft zwischen diesen zwei Richtungen für unmöglich halten.»

Vielleicht bewegen wir uns auf eine kybernetische Psychologie zu, die gleichzeitig die Gesamtheit wie die einzelne Bedeutung aller Verhaltensweisen sieht. Ich glaube, dies ist eine sehr wahrscheinliche Entwicklung. Kürzlich hat ein Kolloquium über den Affekt stattgefunden, an dem sich Spezialisten wie Harlow, Spitz, Lorenz und andere beteiligten. Bowlby, ein Psychologe der analytischen Schule, spricht von einer Psychologie ohne Libido, ohne das Unbewußte, eben von einer *kybernetischen* Psychologie. Bowlby selbst behauptet: «Ich bin Psychoanalytiker und Kybernetiker zugleich.»

Bereits in den ersten drei Lebensjahren gibt es im Kinde eine Menge außergewöhnlicher Elemente, die die traditionelle Psychologie und die Psychoanalyse völlig ins Wanken bringen. Ich glaube, die klassischen Auffassungen von der Libido sind im Rückzug begriffen...

Zusammenfassend kann man sagen, daß zur Zeit eine Spannung zwischen zwei verschiedenen Forschungsrichtungen besteht. Die eine Richtung wird mehr von den Engländern als von den Amerikanern vertreten und steht unter dem dominierenden Einfluß Spearmans. Die andere Richtung, die mehr von der Psychoanalyse und der Phänomenologie bestimmt wird, hat ihren größten Einfluß in Frankreich und der BRD. Meines Erachtens wird es eine der vorrangigsten Aufgaben der Psychologie der Zukunft sein, diese Spannung durch die Verbindung beider Richtungen zu überwinden.

Drei Theorien zur Bestimmung der Intelligenz Ehe wir zur Analyse der Experimente übergehen, erscheint es uns zweckmäßig, die wichtigsten Theorien darzustellen, die die Intelligenz zu definieren versuchen.

Die biologische Vererbung Die Anhänger dieser Theorie behaupten, daß die auf individueller oder kollektiver Ebene – soziale Schichten oder Rassen – feststellbaren Unterschiede ausschließlich auf die Vererbung der Gene* zurückzuführen sind. Ein Gefälle im allgemeinen Intelligenzniveau zwischen Schwarzen und Weißen – Untersuchungen haben gezeigt, daß die schwarze Bevölkerung der USA im Intelligenzdurchschnitt unter dem der Weißen liegt – ist nach Eysenck durch den Unterschied des vererbten Intelligenzpotentials zu erklären.

Scheinbar unterstützen auch einige oberflächlich gemachte Beobachtungen diese Hypothese. Innerhalb ein und derselben Familie – also desselben Milieus – gibt es Unterschiede zwischen den Geschwistern. Trotz ähnlicher Umweltbedingungen zum Beispiel innerhalb der Erziehungsschicksale findet man oft Individuen unterschiedlicher Intelligenz, was allein der biologischen Vererbung zugeschrieben werden kann.

Einerseits gibt es in der Geschichte außerordentlich begabte Familien, wie zum Beispiel die Familien Bach, Bernoulli, Darwin und Monod, andererseits minderbegabte Familien zum Teil mit vererbbaren geistigen Schwächen, die die Theorie des Einflusses der Erbanlagen zu bestätigen scheinen. «Nichts davon ist ein endgültiger Beweis», würde Larmat sagen; «es handelt sich lediglich um Vermutungen».

Diese These wurde schon von Plato, Aristoteles, Rousseau, Galton und Gobineau und in der Gegenwart von Jensen vertreten.

Die Umwelt Anders als die Vererbungstheoretiker sind die Milieutheoretiker der Ansicht, daß der entscheidende Einfluß auf den Entwicklungsprozeß der Intelligenz der Umwelt zugeschrieben werden muß, und folgern daraus, daß die Erziehung eine der wichtigsten Rollen dabei spielt. Man weiß heute, daß die Entwicklung der Intelligenz tatsächlich entscheidend von der frühkindlichen Umwelt, das heißt zum größten Teil durch das Elternhaus beeinflußt wird.

Einige Vertreter dieser Theorie leugnen jeden Einfluß der Erbanlagen. Außer in pathologischen Fällen werden alle Kinder mit dem gleichen geistigen Potential geboren und nur die Umweltbedingungen entscheiden über die Zukunft des Individuums. Watson und andere Behavioristen meinen: «Es gibt keinen Beweis für die Vererbung des Verhaltens». Neobehavioristen wie Skinner zum Beispiel glauben, daß die einzige Voraussetzung für das Lernen eine adäquate Technik ist, die dem jeweiligen Intelligenzniveau angepaßt sein muß.

Die Milieutheoretiker, die lange Zeit einen grundlegenden Widerspruch in ihrer Denkweise – «die Ansichten des Menschen werden durch ihre Umwelt bestimmt, die Umwelt wird durch die Ansichten des Menschen bestimmt» – nicht lösen konnten, sehen den Menschen als Ensemble der gesellschaftlichen Verhältnisse, der sich im Prozeß der Veränderung seiner Umwelt selbst mitverändert.

Die Wechselbeziehung zwischen Vererbung und Milieu Diejenigen, die diese Richtung vertreten, behaupten, daß jedes Kind mit einem bestimmten Genotypus* zur Welt kommt, der nichts anderes aussagt als bestimmte Möglichkeiten zur Selbstverwirklichung des Individuums. Diese Selbstverwirklichung aber ist abhängig vom Milieu. Zwei gleiche Genotypen werden zwei verschiedene Phänotypen* aufweisen, je nach den Umweltbedingungen, in denen sie erzogen wurden. Stellen wir uns zwei Genotypen «x» vor, die bestimmte positive biologische Eigenschaften besitzen; in einem günstigen Milieu wird sich einer der beiden als fruchtbar und kräftig erweisen, während sich der andere in einem ungünstigen Milieu schlecht oder gar nicht entwickelt.

Sehen wir weiter: Von zwei Genotypen «y», die von ihrem genetischen Kode her benachteiligt sind, wird der eine innerhalb eines ungünstigen Milieus kaum Entwicklungsmöglichkeiten haben, während der andere durch eine entsprechende Förderung durch die Umwelt das genetische Defizit zum Teil überwinden und seine Möglichkeiten optimal entwickeln kann.

Der Einfluß der Vererbung und der Umwelt auf die Entwicklung des Gehirns Bei jeder Diskussion über Erbanlagen und Intelligenz ist es ratsam, alle Fakten genau zu betrachten. Häufig hört man, daß Charakterzüge, zum Beispiel Neigungen, Launen und Steckenpferde von

---

«Theorien sind nichts anderes als ein ständiger Dialog und die Reflexion über diesen Dialog.» M. Richelle

Die Denkweise eines Menschen ist von den Begriffen geprägt, die er erlernt hat. In alphabetischen Kulturen ist z. B. die Konvention selbstverständlich, eine Reihe von links nach rechts zu betrachten. Araber, die von rechts nach links zu lesen gewohnt sind, haben darum in alphabetischen Intelligenztests ungünstigere Voraussetzungen.

den Eltern vererbt werden. «Die Intelligenz, die Fähigkeit, sich zu konzentrieren, die Faulheit, die Geschäftstüchtigkeit und vieles andere erben wir nicht, als wäre es eine Perlenkette», sagt Osterrieth dazu. Wir erben von unseren Eltern eine bestimmte organische Grundlage. Die erste Zelle, die aus der Verbindung eines Eies mit dem Samen entsteht, beinhaltet eine Reihe von Chromosomen* und ist Träger einer generellen Vererbung der Gattung und gleichzeitig einer besonderen, individuellen Erbanlage, welche die Ursache für die unendliche Variationsfähigkeit der menschlichen Gattung ist.

Um den Übergang der Erbanlagen von der Eizelle bis zur Vererbung von Verhaltensweisen zu erklären, unterscheidet R. Zazzo drei verschiedene Ebenen: die Kern- oder Chromosomenebene, die somatische beziehungsweise organische und die psychische Ebene, wobei die Wir-

Die Spiel- und Vergnügungsmöglichkeiten dieser beiden Kinder sind sehr unterschiedlich. Später werden sich diese milieubedingten Unterschiede sehr wahrscheinlich auf die intellektuellen Fähigkeiten der Kinder auswirken.

kung der ersten auf die dritte nicht ohne die zweite erklärt werden kann.

Die erste Phase, die *chromosomische*, wirkt sich durch ein Konstruktionsprogramm des Körpers, welches von den Genen geordnet und dirigiert wird, auf die *somatische* Phase, auch *organische* Phase genannt, aus. Diese Phase bestimmt zugleich die Handlungsmöglichkeiten des einzelnen durch jene Organe, ohne die ein Verhalten nicht möglich ist. So gelangen wir zur dritten Phase, zur psychischen; sie bestimmt die Grundlagen des Verhaltens. Um die Genese, das heißt die Entwicklungsgeschichte, der Intelligenz zu erforschen, müßte man also die Genese des Gehirns, des denkenden Organs, kennenlernen. Hierzu wollen wir einen kleinen Exkurs über die Untersuchungen Larmats auf diesem Gebiet machen.

Die Schwierigkeiten, die bei der Erforschung der menschlichen Entwicklung auftauchen, sind außerordentlich groß; das, was wir über den Menschen wissen, stammt zum größten Teil aus Experimenten mit Tieren, vornehmlich Ratten. Bei den Tieren kann man Versuche zur Kreuzung von Genen unternehmen und das Gehirn erforschen, indem man ihm notfalls auch Verletzungen zufügt, die rein experimentellen Charakter haben. Wir können aber nicht derartige Versuche mit Menschen machen. Somit wird sich die Erforschung der menschlichen Genetik fast ausschließlich auf pathologische Fälle beschränken müssen, ohne in den Bereich des Normalen eindringen zu können. Der Großteil der in unserer Gattung identifizierten Gene, mit Ausnahme der Blutfaktoren und anderer Antigene*, ist derart empfindlich, daß jede schadhafte Reproduktion schwere Anomalien im Organismus verursachen kann.

Eine Verzerrung der Geschlechtschromosomen kann intellektuelle Störungen zur Folge haben. Beim Mongolismus zum Beispiel handelt es sich um eine Krankheit, deren Ursache im Vorhandensein von 47 Chromosomen anstelle von 46 liegt. Diese Störung äußert sich auf der Intelligenzebene in Form geistiger Schwäche bis hin zum Schwachsinn.

Einige spezifische Mängel der Gene können einen fortschreitenden Zerfall der geistigen Fähigkeiten zur Folge haben. Geistesschwäche kann auch dann eintreten, wenn Stoffwechseldysfunktionen mit bestimmten Erbfaktoren zusammentreffen.

Die Genetik und das Gehirn Die Gene, jene Einheiten oder Erbfaktoren, die das Vorhandensein bestimmter unterschiedlicher Merkmale ausmachen, sind auch für die Eigenschaften und das Verhalten der Zellen verantwortlich. Gene sind Abschnitte der fadenförmigen Nukleinsäure-Makromoleküle, in denen auch die lineare Folge der Bausteine für die Ausführung biologischer Funktionen gespeichert ist. Daher kann ein *Genotypus* als die Gesamtheit des im Organismus befindlichen Materials definiert werden. Wir werden uns noch näher mit dem Genotypus beschäftigen, der die Augenfarbe und die Körpergröße bestimmt, so wie auch mit dem intellektuellen Genotypus.

Im allgemeinen wird der Genotypus mit den Erbanlagen verwechselt. Letztere sind sämtliche Gene, die – nach der Vereinigung der väterlichen mit den mütterlichen Genen – vom neuen Menschen geerbt werden und seine individuellen Merkmale ausmachen.

Unter *Phänotypus* verstehen wir die Gesamtheit jener Eigenschaften, die das Individuum tatsächlich zeigt, denn bei keinem Menschen kommt das ganze Potential, das er geerbt hat, zum Tragen. Es gibt sogar Charaktermerkmale, die auch ohne im Menschen sichtbar zu werden, auf die Nachkommenschaft vererbt werden können. Anders gesehen ist ein Phänotypus die Vereinigung struktureller und funktionaler Charaktermerkmale, die durch das Zusammenwirken von Genen – Genotypen – und Milieu zustandekommen. In einigen Fällen, wie zum Beispiel bei der Übertragung von Blutgruppen, ist die Einwirkung des Phänotypus gleich Null.

Für den Psychologen besteht das Problem zum Teil darin, den jeweiligen Anteil an reinen Erbanlagen und an Umwelteinflüssen bei der Entstehung der Intelligenz zu bestimmen.

Als man das Gehirn von Ratten untersuchte, die nach genetischen Gesichtspunkten ausgewählt worden waren, entdeckte man bestimmte organische Merkmale, die die begabten von den unbegabten Ratten unterscheiden. Dennoch sind die Ergebnisse noch nicht deutlich und ausschlaggebend genug. Außerdem berühren sie drei Ebenen: die Entwicklung des Gehirns selbst, seinen Stoffwechsel und die Entwicklungs- und Funktionsphysiologie des Gehirns. Im folgenden wollen wir diese drei Ebenen näher betrachten:

Zunächst sieht es aus, als läge der einzige hervorstechende Unterschied beider Ratten allein im Gewicht des Gehirns: das Gehirn der begabten Ratten ist schwerer als das der unbegabten.

Die Entwicklung des Gehirns ist abhängig von den Umweltreizen Was die Struktur des Gewebes und anderer Elemente, die das Gehirn bilden, betrifft, scheint es keine wesentlichen Unterschiede zu geben. Die einzige Abweichung bestand in der Anzahl der Verbindungen zwischen den einzelnen Nervenzellen. Beim Menschen werden diese Verbindungen zum größten Teil erst nach der Geburt hergestellt.

Die Unterscheidungsmerkmale der Nervenzellen kommen grundsätzlich durch Umweltfaktoren zustande. Das Nervensystem ist außerordentlich flexibel und braucht sensorische und motorische Reize, um sich entwickeln zu können. Die Untersuchungen von Spitz über den Mangel an Reizen bei Kindern, die von klein auf im Krankenhaus waren, sind bemerkenswert. Bei diesen Kindern hat das Eingesperrtsein verheerende

Unterricht mit geistig behinderten Kindern in einer Pariser Anstalt (Zeitgenössischer Kupferstich von H. Meyer).

Folgen auf die Entwicklung der Intelligenz und der Persönlichkeit gehabt.

Auch die Beispiele, die uns unter Tieren aufgewachsene sogenannte Wolfskinder liefern, sind beachtlich. Fern von einer menschlichen Umwelt haben diese Kinder ähnliche Verhaltensweisen angenommen wie die Tiere, die sie aufnahmen und ernährten.

Angesichts unseres Wissensstandes und angesichts der Schwierigkeiten, die mit einer direkten Erforschung des Menschen verbunden sind, können wir noch nichts Genaues über den rein genetischen Einfluß auf die Entwicklung des Gehirns sagen, obwohl die Möglichkeit besteht, daß

Genetische Übereinstimmungen bei Vater und Tochter und bei zwei Schwestern.

individuelle Unterschiede in der Funktionsweise auf bestimmte Weise von der Struktur der Gehirnhemisphären abhängen, da sich hier die größte Anzahl von Nervenverbindungen befindet.

Die Enzyme Bei den Stoffwechselfunktionen des Gehirns stehen wir vor ähnlichen Schwierigkeiten. Die chemischen Reaktionsketten des Stoffwechsels im Gehirn sind weitgehend unbekannt. Einige Enzyme* wie zum Beispiel das Azetylcholin und das Noradrenalin sind bereits untersucht worden, bei anderen jedoch fehlen uns fast noch alle Informationen. Die begabten Ratten wiesen in den bereits erwähnten Versuchen einen größeren Anteil an Azetylcholin auf als die anderen. Somit darf man annehmen, daß die Gene, die die intellektuellen Fähigkeiten dieser Tiere regulieren, dies zumindest teilweise durch eine Beeinflussung der Enzyme tun. Wir haben bereits erwähnt, daß bestimmte Dysfunktionen des Stoffwechsels schwere geistige Defekte mit sich bringen können. Daraus folgt, daß die Intelligenzgene, sofern es sie gibt, die Entwicklung des Gehirns, die Anzahl der Verbindungen innerhalb des Gehirns und die Produktion bestimmter Enzyme beeinflussen.

Die dritte Ebene, auf der sich die begabten von den unbegabten Ratten durch bestimmte Merkmale unterscheiden, ist die der Physiologie und

Funktionsweisen des Gehirns. Damit wollen wir uns etwas näher beschäftigen.

Es erscheint uns angebracht, darauf hinzuweisen, daß die Entwicklung des Gehirns sowie die Zusammensetzung der Nervenstruktur und der Stoffwechsel der Nervenzellen, der sogenannten Neuronen, von Faktoren abhängig sind – wie zum Beispiel der Durchblutung des Gehirns und der chemischen Zusammensetzung des Blutes.

Es ist inzwischen erwiesen, daß das Gehirn bei schlechter Durchblutung nur begrenzt oder gar nicht funktionsfähig ist: das beweisen Fälle von Arteriosklerose bei älteren Menschen, Kreislaufversagen bei Geburten oder Gehirnblutungen. Man nimmt sogar an, daß das Blutgefäßnetz der Hirnhaut bei intelligenten Menschen besonders dicht ist. Dies konnte allerdings noch nicht nachgewiesen werden.

Auch seine chemische Zusammensetzung scheint eine Auswirkung auf die Funktionsweise des Gehirns zu haben. Ein Mangel oder ein Überschuß an Glukose kann zum Ausfall der Gehirntätigkeit und zur Bewußtlosigkeit führen. Auch der Anteil an Thyroxin, einem Schilddrüsenhormon, im Körper wirkt sich auf das Gehirn aus; denn ein Mangel dieses Hormons kann infantilen Kretinismus nach sich ziehen. Bei dieser Anomalie ist die Anzahl an Dendriten, die für die mehrfachen Verbindungen mit anderen Neuronen verantwortlich sind, nachweislich sehr gering.

Auch die Geschlechtshormone scheinen einen bestimmten Einfluß auf das Gehirn zu haben. 1971 wies Money nach, wie das Vorhandensein von einer überdurchschnittlichen Menge des Hormons Androgyn oder eines androgynähnlichen Hormons im Blut des Fötus die Intelligenz in beträchtlichem Maße erhöhen kann.

Die von der Hypophyse* hergestellten und von dort in das Blut gelangenden Hormone spielen ebenfalls bei der Entwicklung des Gehirns eine wichtige Rolle. Die Injektion eines solchen Hormons in einen Rattenfötus verursachte zum Beispiel die Vergrößerung der Hirnrinde und somit eine größere Anzahl an Dendriten und eine erhöhte Lernfähigkeit.

«Die Abhängigkeit der intellektuellen Aktivität des Gehirns, das heißt deren Abhängigkeit von den Funktionen der Gehirnstrukturen ist eine Tatsache, die inzwischen von den meisten Wissenschaftlern akzeptiert wird; was noch keiner jedoch bislang hat begreifen können, ist, wie eine biochemische Aktivität der Ursprung von Bewußtseinsphänomenen sein kann.»

J. Larmat

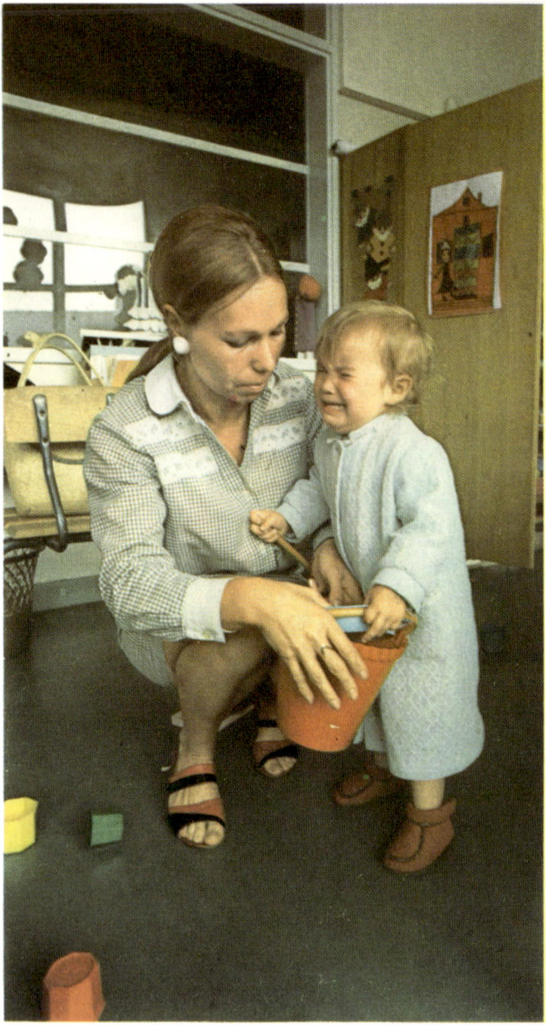

Ein Kind, das im Krankenhaus stationär behandelt werden muß, weiß genau, daß es eingesperrt ist und seine Eltern nicht da sind.

Gibt es Intelligenzgene? Zusammenfassend kann man mit Larmat sagen: «Die wirkliche Zusammensetzung des intellektuellen Genotypus müßte also außerordentlich verschiedenartig sein, und der Begriff selbst ist im Grunde genommen vermutlich unangemessen; doch man behält ihn aus Bequemlichkeitsgründen bei. Es gibt mit Sicherheit keine reinen Intelligenzgene, die ausschließlich an der Entwicklung jener Strukturen beteiligt sind, die später bei den Bewußtseinsaktivitäten mitwirken. Es gibt bestimmt auch Gene, die die Neurogenese, die Verzweigung der Dendriten und die Vermehrung ihrer Verbindungen untereinander bestimmen, sei es im gesamten Bereich der Hirnrinde oder nur in begrenzten Bereichen. Andere Gene wiederum regulieren die Produktion der notwendigen Enzyme für den Stoffwechsel der Nerven oder die Wirkung des gesamten Stoffwechsels, und noch andere fördern oder hindern die Entwicklung der Hirnhaut, der endokrinen Drüsen und deren Sekretion. Dies Wissen beruht auf nur annähernd genauen Analysen, da diese Gene oder einige von ihnen sich bei den verschiedenen Menschen unterschied-

Nervenstränge des Gehirns unter dem Elektronenmikroskop. Vermutlich haben die Gene Einfluß auf die Beschaffenheit und Struktur der Gehirnnerven.

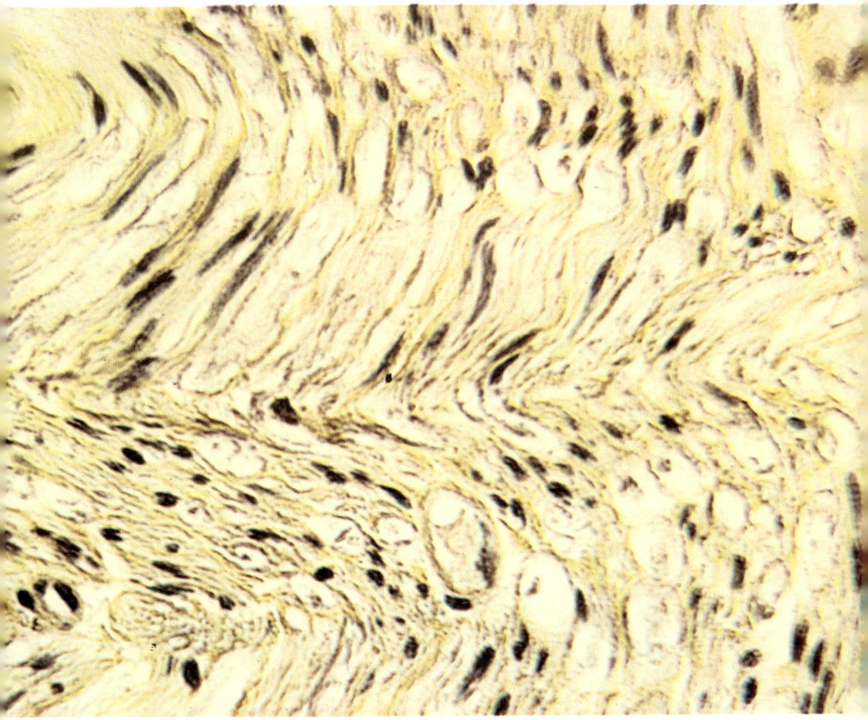

lich äußern, das heißt, die intellektuellen Möglichkeiten sind bei allen anders.»

Was den berühmten Faktor G – allgemeinen Intelligenzfaktor – betrifft, welcher mit ziemlicher Sicherheit einer soliden organischen Grundlagenanalyse bedarf, sind die Kenntnisse darüber noch sehr gering. Burt nahm an, daß dieser Faktor den unterschiedlichen Beschaffenheitsgraden des Gehirns entsprechen müßte. Bislang hat noch kein Versuch diese Hypothese bestätigen können, ebensowenig wie die Hypothese, daß dieser Faktor von der Intensität des Stoffwechsels oder von der Anzahl der Blutgefäße im Gehirn abhängig ist.

Um überhaupt wissen zu können, welchen Beitrag die Gene zu den intellektuellen Möglichkeiten jedes Individuums leisten, müßten wir an den Chromosomen feststellen, welches die entsprechenden Gene sind. Außerdem müßten wir den Einfluß jedes dieser Gene auf die spezifischen Fähigkeiten beziehungsweise auf den allgemeinen Faktor G festlegen können.

Falsche Ernährung macht auch das Gehirn krank Allem Anschein nach spielen bei der Entstehung und Entwicklung des Gehirns außer den noch unzulänglich erkannten Genotypen andere Faktoren eine Rolle, die ihren Ursprung in den Umweltbedingungen und vor allem in der Ernährung haben.

Wie jedes andere Organ auch muß das Gehirn ernährt werden. Die Neuronen bestehen wie alle anderen Zellen hauptsächlich aus Eiweiß, und ein akuter Eiweißmangel in der Ernährung führt zu einer Schwächung der Gehirnstruktur. Besonders schwerwiegend sind alle Mangelerscheinungen in der Ernährung des Kleinkindes. Das Gehirn des Fötus und das des Neugeborenen bis zum sechsten Monat reagiert auf Mangelerscheinungen besonders empfindlich.

Um sich richtig entwickeln zu können, braucht das Gehirn außerdem eine Reihe von Substanzen wie das Lysin, Fettsäuren, Vitamine und Jod. Zur Zeit führt das Mittelamerikanische und Panamanesische Ernährungsinstitut, I.N.C.A.P., eine Reihe von Versuchen durch in dem Bemühen, dieses Problem zu klären. An diesen Versuchen beteiligen sich neun Dörfer, deren Bevölkerung unter den Erscheinungen falscher und unzulänglicher Ernährung litt. Diese neun Dörfer wurden in drei Gruppen aufgeteilt. Die erste Gruppe erhält regelmäßig besondere Nahrung und medizinische Betreuung; die zweite Gruppe erhält nur medizinische Betreuung und die dritte, die Kontrollgruppe, steht lediglich unter ständiger Beobachtung. Alle Kinder in diesen neun Dörfern werden untersucht, gewogen, es wird ihre Körpergröße und ihr IQ gemessen; unter anderem wird die Ernährung der Mütter während und unmittelbar nach der Geburt kontrolliert. Nach Abschluß dieser Versuchsreihe, die

Eine schlechte Ernährung in den ersten Lebensmonaten eines Kindes kann schwere Folgen für die Entwicklung seines Gehirns haben.

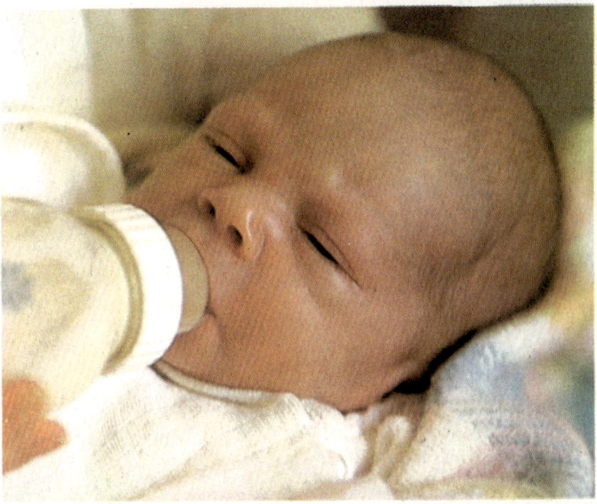

Diese beiden Wohngegenden sind ein sichtbarer Beweis für unterschiedliche soziale Umweltbedingungen. Das Milieu beeinflußt unabdingbar die intellektuellen Möglichkeiten des einzelnen.

Ergebnisse einer Familienuntersuchung nach Larmat (Die Angaben stammen aus dem Jahre 1931)

Korrelation zwischen Kind und leiblichen Eltern	0,50
Korrelation zwischen Geschwistern	0,50
Korrelation zwischen Nicht-Familienmitgliedern und Personen aus unterschiedlichem Milieu	0,00
Korrelation zwischen Nicht-Familienmitgliedern, die zusammen leben	0,23
Korrelation zwischen den Schülern einer Schule (das heißt Nicht-Familienmitglieder, die aber einem ähnlichen sozialen, wirtschaftlichen und kulturellen Milieu angehören)	0,35

vermutlich noch einige Jahre dauern wird, hofft man, die Umwelt- und Ernährungsfaktoren besser zu kennen, die die Gehirnentwicklung des Kindes und dessen Intelligenz beeinflussen.

Familienstruktur Von ebensogroßer Bedeutung wie die Ernährung ist für die Entwicklung des Kindes das soziokulturelle Milieu, in dem es aufwächst. In diesem Falle ist mit soziokulturell die Familie gemeint, in die ein Kind hineingeboren wird und die für dieses Kind eine bestimmte Welt bedeutet, die aus Ernährung, Kultur und emotionalen Zuwendungen besteht. Diese Familie aber gehört wiederum einer ganz bestimmten sozialökonomischen Gruppe an; diesen Aspekt werden wir später genauer betrachten.

Zur Zeit stehen sich zwei Methoden zur Erforschung der Familienstruktur gegenüber: entweder man bedient sich eines allgemeinen Index oder man schlüsselt alle in Frage kommenden Faktoren auf.

Im ersteren Fall setzt sich dieser allgemeine Index aus der Summe oder den Beziehungen mehrerer Variablen zusammen: Beruf und Kulturstand, allgemeine Lebensbedingungen und die Wohnsituation der Eltern. Für einige Spezialisten jedoch geht der allgemeine Index von der Bestimmung und Auswertung des sozialen Status aus, das heißt, Grundlage ist die Teilnahme und der Status der Eltern innerhalb der Gruppe, der sie angehören. Dabei werden einige gleichartige Kategorien festgelegt, Kategorien, die jene Menschen vereinigt, die dazu neigen, untereinander persönliche Beziehungen einzugehen, ähnliche Verhaltensweisen und Meinungen haben und sich zur gleichen Gruppe zugehörig fühlen.

Die zweite Methode läuft darauf hinaus, nicht die allgemeinen Merkmale zu untersuchen, sondern besondere Faktoren, die eine sozioökonomische Gruppe, Schicht oder Rasse von den anderen unterscheidet. Die erste Methode führt nämlich leicht zur Annahme – was tatsächlich in einigen Untersuchungen der Fall war –, daß die Zugehörigkeit zu einer

Die wechselseitigen Beziehungen (Korrelationen) zwischen den Geschwistern dieser beiden Familien sind mit Sicherheit von deren Milieu geprägt.

Verschiedene Fälle von Korrelation bei Kindern

Gemeinsam erzogene eineiige Zwillinge	0,87
Getrennt erzogene eineiige Zwillinge	0,75
Gleichgeschlechtliche zweieiige Zwillinge	0,56
Zweieiige Zwillinge unterschiedlichen Geschlechts	0,49
Gemeinsam lebende Geschwister	0,50
Gemeinsam lebende Kinder ohne Verwandtschaftsgrad	0,23

bestimmten sozioökonomischen Gruppierung allein schon die Ursache für die Unterschiede ist, die zwischen den Individuen auftreten. Beim Vorgehen nach der zweiten Methode würde man dagegen kulturelle Vorbilder, Erziehungsrichtlinien und allgemeine Umweltreize genau bestimmen.

Die Familienuntersuchungen Wenn die Vererbung einen Einfluß auf die Intelligenz hat, dann müßten die Mitglieder einer Familie eine höhere Korrelation untereinander aufweisen, als zum Beispiel Kinder aus verschiedenen Familien. Der Begriff Korrelation bedeutet das gemeinsame Auftreten von zwei oder mehr Merkmalen, zwischen denen ein Zusammenhang oder eine Ähnlichkeit besteht. Diesen Begriff von «Ähnlichkeit» kann man in eine präzise mathematische Form kleiden. Dazu dient ein sogenannter «Korrelationskoeffizient», der Werte von 0 – gleichbedeutend mit dem Fehlen irgendeiner Übereinstimmung – bis 1 gleichbedeutend mit vollständiger Übereinstimmung – annehmen kann. Eine grobe Definition der Familie besagt, daß alle ihre Mitglieder das gleiche Erbpotential haben, wenngleich dies auch nicht völlig stimmt. (Es trifft nicht einmal für eineiige Zwillinge zu, da auch hier der genetische Kode nicht immer der gleiche ist.)

Um diese Frage nach der Korrelation beantworten zu können, hat man das Verfahren der *Familienuntersuchungen* eingeführt, ein Verfahren, das auf starke Kritik gestoßen ist, weil es davon ausgeht, daß die Umweltbedingungen konstant bleiben. Bei diesem Verfahren werden die Korrelationen zwischen Eltern und Kindern und zwischen Geschwistern untereinander betrachtet. Die Ergebnisse einer von Larmat durchgeführten Untersuchung zeigen deutlich, daß Erbanlagen als Faktoren vorhanden sind, Umweltfaktoren jedoch nicht ausgeschlossen werden können.

Tatsächlich beweist die Korrelation zwischen Eltern und Kindern, daß Erbfaktoren im Spiel sind; andererseits weist eine Korrelation von 0,35 bei Versuchspersonen, die aus dem gleichen Milieu, aber von verschiedenen Eltern stammen, darauf hin, daß die Umweltfaktoren ebenso deutlich in dem vom IQ gemessenen Erscheinungsbild der Intelligenz vorhanden sind.

Die Zwillingsforschung Dieses Verfahren beruht auf dem Vergleich zwischen eineiigen und zweieiigen Zwillingen. Eineiige Zwillinge zeichnen sich durch das gleiche Erbgut aus, denn sie sind das Ergebnis einer Zweiteilung ein- und derselben Eizelle; zweieiige Zwillinge dagegen sind Geschwister wie alle anderen, die aus der Vereinigung zweier Eizellen mit zwei Samenzellen entstanden. Sie weisen dieselben Vererbungsmerkmale auf wie zwei Geschwister, die zu unterschiedlichen Zeitpunkten geboren wurden.

Ein weiterer Bestandteil dieses Verfahrens ist der Vergleich von eineiigen Zwillingen, die zusammen aufwachsen, mit getrennt erzogenen eineiigen Zwillingen und mit anderen Kindern.

Das Schema auf S. 73 zeigt, daß der Erbfaktor doch eine gewisse Rolle spielt, betrachtet man genau die Korrelationen zwischen den Ergebnissen. Hier werden die Verfechter der Vererbungstheorie eine große Anzahl von Argumenten für ihre These finden. Tatsächlich ist die Ähnlichkeit größer bei eineiigen Zwillingen, selbst wenn sie getrennt erzogen wurden, als bei zweieiigen Zwillingen, die gemeinsam aufgewachsen sind und somit nicht nur die Erbanlagen, sondern auch die Umwelt miteinander teilen.

Bei einer Untersuchung von Newman, Freeman und Holzinger an 50 Paaren gemeinsam erzogener eineiiger Zwillinge konnten folgende Unterschiede festgestellt werden:

Anzahl der Zwillingspaare	IQ-Unterschied (in Punkten)
24	0 – 5
18	5 – 10
7	10 – 15
1	15 – 20

Ähnlichkeiten im äußeren Erscheinungsbild schließen identisches Verhalten nicht mit ein.

Bei der Beurteilung dieser Ergebnisse muß berücksichtigt werden, daß ein IQ-Unterschied von 5 Punkten völlig belanglos ist. Somit können die 24 Zwillingspaare, deren IQ-Unterschied 0–5 betrug, als identisch betrachtet werden. Die restlichen 26 Paare wiesen jedoch Unterschiede zwischen 5 und 20 Punkten auf, wovon allein bei 8 Paaren, das entspricht achtzehn Prozent, der Unterschied 10 und mehr Punkte betrug. Daher müssen Schlußfolgerungen, die die Vererbung als Faktor innerhalb des menschlichen Entwicklungsprozesses für wichtiger betrachten als das Milieu, mit Vorsicht betrachtet werden.

Josephine Baker mit ihren Adoptivkindern. Die amerikanische Sängerin, die selbst unter der Rassendiskriminierung zu leiden hatte, adoptierte Kinder verschiedener Rasse und aus unterschiedlichen sozialen Umgebungen.

Andererseits ist die Haltung der Milieutheoretiker gegenüber diesen Ergebnissen sehr kritisch, denn sie gehen davon aus, daß die Umweltbedingungen bei beiden Zwillingstypen dieselben sind, obwohl die meisten Beobachter mit Carter und Anastasi der Meinung sind, daß die Umweltbedingungen im Regelfall bei eineiigen Zwillingen ähnlicher sind als bei zweieiigen.

Verfolgen wir nun Carters Standpunkt weiter, ohne dabei zu vergessen, daß wir immer von statistischen, beziehungsweise Mittelwerten ausgehen. Der Einfluß der Umweltbedingungen wäre demnach bei den eineiigen Zwillingen gleich stark, was die Unterschiede in der Entwicklung getrennt erzogener Zwillinge erklären könnte.

Wie von Newman bereits bewiesen worden ist, erzielt derjenige Zwilling ein besseres Ergebnis bei einem Begabungstest, der aus den besseren Umweltbedingungen kommt.

Auf diese Ergebnisse berufen sich die Vertreter der Milieutheorie und diejenigen, die die Meinung vertreten, daß der Phänotypus als Äußerung der Intelligenz auf ein Zusammenwirken von Erbfaktoren und Umweltfaktoren zurückzuführen ist.

Untersuchungen bei Adoptivkindern Hierbei geht es um die Korrelation zwischen dem IQ von Kindern und dem ihrer Adoptiveltern im Vergleich zu Kindern mit leiblichen Eltern. Die erste Gruppe hat ein gemeinsames Milieu, die andere hat Milieu und Erbanlagen als Gemeinsamkeit.

Die Korrelation zwischen den Kindern und ihren Adoptiveltern beträgt 0,20, während sie bei Kindern mit leiblichen Eltern 0,50 beträgt. Wurden die Kinder nur gemeinsam erzogen, ohne Geschwister zu sein, beträgt die Korrelation 0,23; bei Geschwistern, die im gleichen Milieu aufgewachsen sind, 0,50 und bei getrennt erzogenen Geschwistern 0,42. Die Vererbungstheoretiker sehen hierin einen erneuten Beweis für die Wichtigkeit der Erbanlagen bei der Übertragung der Intelligenz. Tatsächlich erbrachte ein Vergleich der Umweltfaktoren eine Korrelation von höchstens 0,20–0,23, während ein Zusammenwirken von Erbanlagen und Umweltfaktoren diese Korrelation auf 0,50 ansteigen ließ.

Eine von Skodak und Skeels durchgeführte Untersuchung ergab eine neue Komponente: die Korrelation zwischen dem IQ der Adoptiveltern und dem Ausbildungsniveau ihrer leiblichen Eltern betrug 0,35 (wie wir später sehen werden, besteht ein Zusammenhang zwischen Bildungsgrad und IQ). Die Vererbungstheoretiker geben zu, daß dieser Versuch unbestreitbar ist. In den Fällen, in denen der IQ der leiblichen Mütter ermittelt werden konnte, betrug er im Durchschnitt 86, während der IQ der Kinder, wurden sie in ein besseres Milieu aufgenommen und darin erzogen, 106 betrug. Das heißt, daß die Umweltbedingungen den IQ der Kinder um 20 Punkte verbessert haben. Außerdem variierte der IQ der Adoptivkinder untereinander, je nachdem, ob sie von besser- oder schlechtergestellten Familien aufgenommen wurden.

Andererseits heben die Milieutheoretiker und diejenigen, die sich für die Theorie der Wechselwirkung von Vererbung und Umwelt einsetzen, hervor, daß bereits vor der Adoption die leiblichen Mütter und die Kinder denselben Umweltfaktoren ausgesetzt waren, zum Beispiel während der Schwangerschaft. Dieser Umwelteinfluß ist trotz frühester Adoption nicht mehr auszuschalten.

Darüber hinaus behaupten Vertreter dieser beiden Strömungen, daß es noch nicht erwiesen sei, ob die emotionalen Beziehungen zwischen den Kindern und ihren leiblichen Eltern die gleichen sind wie die zwischen Kindern und ihren Adoptiveltern.

Die Stichproben einer entsprechenden Untersuchung ergaben, daß ein beträchtlicher Prozentsatz der Kinder darüber informiert war, daß sie nicht in die Familie hineingeboren waren. Somit konnte der Umwelteinfluß vermindert werden. Die Autoren der Untersuchung heben hervor, daß bereits bei der Adoption bestimmte Auswahlfaktoren eine Rolle spielen, so daß eine Korrelation zwischen den leiblichen Eltern und dem Adoptivelternhaus vorhanden ist.

Kinder von sehr intelligenten Müttern werden demnach häufiger von Ehepaaren mit höherem soziokulturellen Niveau adoptiert, was den Korrelationswert zwischen Adoptiveltern und Kindern erhöhen kann.

Jedenfalls scheint ein solides Argument in der Übereinstimmung zwischen dem Milieu der Eltern und dem der Kinder während der Schwangerschaft, Geburt und ersten Lebenstagen zu liegen.

Die Erforschung der Intelligenz in unterschiedlichen soziokulturellen Milieus Um zu beweisen, daß der Phänotypus Intelligenz je nach Umweltbedingungen variiert, haben die Verfechter der Milieutheorie eine Reihe von Untersuchungen unter verschiedenen soziokulturellen Bedingungen durchgeführt.

Eine in Frankreich durchgeführte und im *Cahier de l' I.N.E.D.* Nr. 64 erschienene Untersuchung lieferte folgende Daten:

Untersuchung des I.N.E.D. (Frankreich) an Kindern von Eltern der unterschiedlichsten sozialen und beruflichen Kategorien

Berufskategorie	IQ
Unqualifizierte Arbeiter	92,6
Landarbeiter	93,5
Bergleute	94,1
Spezialisierte Arbeiter	96,1
Landwirte	96,4
Gewerbliche Angestellte	100,2
Kaufmännische Angestellte	101,4
Werkführer (Vorarbeiter, Aufseher)	102,5
Handwerksberufe	103,0
Militär, Polizei	103,9
Industrielle und Selbständige	107,4
Mittlere Verwaltungsbeamte	107,0
Höhere Verwaltungsbeamte	111,5

Die Ergebnisse dieser Untersuchung bestätigen die von verschiedenen Autoren mehrmals vorgebrachten Thesen.

Es gibt gute Anlagen . . .

Gibt es genetisch privilegierte Gruppen? Die Vererbungstheoretiker begründen diesen Unterschied mit den genetischen Unterschieden zwischen zwei sozialen Schichten. Nach ihnen gäbe es demnach Schichten, die schon von den genetischen Anlagen her vor anderen im Vorteil sind. Und dasselbe ließe sich dann auch in bezug auf die Rassen sagen: es gäbe dann genetisch höhere Rassen als andere.

In seiner polemisch wirkenden Veröffentlichung über die Rassen und die Intelligenz verteidigt Eysenck die Gleichheit der Rechte für alle, besteht aber auf der genetischen Minderwertigkeit der schwarzen Rasse gegenüber der weißen. Da er ein überzeugter Anhänger der Tests ist, lehnt Eysenck ohne jede Gegenargumentation die Untersuchungen von Rosenthal ab, wonach die Schwarzen im Norden der USA auf Grund ihrer besseren Umweltbedingungen einen höheren IQ haben als die Schwarzen im Süden der USA.

Nach Bodmer und Cavalli-Sforza (1970) «beträgt der Unterschied der durchschnittlichen IQ zwischen Schwarzen und Weißen im allgemeinen 10 bis 20 Punkte... Das ist weniger als der Unterschied zwischen den Negern der Nord- und Südstaaten... Eine bekannte Untersuchung über den *Alpha-Intelligenztest*, der in der Armee angewendet wurde, hat gezeigt, daß die Schwarzen einiger Nordstaaten im Durchschnitt bessere Punktzahlen erzielen als die Weißen bestimmter Südstaaten, wenngleich die Weißen bessere Ergebnisse erhalten als die Schwarzen ein und desselben Staates».

Kritik an den Inhalten der Intelligenztests Kritiker dieser Tests argumentieren, daß sie in ihren Definitionen kulturgebunden seien, gehe man doch von bestimmten schulischen Maßstäben aus, um deren Gültigkeit zu überprüfen. Diese Maßstäbe aber seien Ausdruck einer gehobeneren, dominierenden sozialen Schicht. Kultur ist also ihrer Meinung nach nicht etwas, das den sozialen Schichten übergeordnet und allgemeingültig ist, sondern etwas, das nicht in allen Ländern und allen Schichten eines Landes gleich ist. Die Lebensgewohnheiten, die Art der Bewertung der Dinge, die Werturteile, all dies variiert von einer sozialen Schicht zur nächsten. Nach ihrer Auffassung müßten wir demnach von konkreten, jeder Lebensart eigenen Tatsachen ausgehen und in ihnen und in bezug auf sie intelligentes Verhalten analysieren, und für jede Schicht oder Rasse die eigene Erscheinungsweise der Intelligenz nachweisen, je nach ihrer eigenen Art zu leben, zu denken oder zu handeln. Larmat hat viele Beispiele zitiert, die diese Kritik unterstützen: «... Man stellte Angehörige einer Gruppe von Australiern einzeln vor eine Labyrinthaufgabe... Sie weigerten sich, dies zu tun, denn auf Grund ihrer Tradition gebietet ihnen die Gewohnheit, ein Problem dieser Art gemeinsam zu lösen, lang und ausführlich darüber zu debattieren, wobei

Ist ein Kind an Lernspiele gewöhnt, wird es eher in der Lage sein, ein Puzzle zusammenzusetzen, als wenn es nur die Straße als Spielplatz kennt.

sich sogar der Versuchsleiter an der Diskussion beteiligen muß, will er nicht als Feind betrachtet werden.»

Nordamerikanische Indianer wurden einem Geschwindigkeitstest unterzogen, um festzustellen, wie schnell sie ein Problem lösen konnten. Den in einer Reihe stehenden Kindern wurde gesagt: «Derjenige von euch, der die Antwort zuerst sagt, erhält eine Belohnung.» Ohne Erfolg. Der Versuch wurde ein Fehlschlag. Dazu Larmat: «Den Kindern war Schnelligkeit nicht wichtig, denn sie sind ruhiger und ausgeglichener als wir. Die Dinge müssen langsam vor sich gehen. Außerdem war es für sie ein gesellschaftliches Fehlverhalten, sich in Gegenwart ihrer Kameraden hervorzutun. Daher wechselten sie zunächst eine Reihe verstohlener Zeichen und antworteten dann alle zur gleichen Zeit...»

Ohne noch mehr solche Beispiele anbringen zu müssen, erscheinen die Zweifel an der Gültigkeit einiger dieser Tests für alle Kinder berechtigt.

Ist der objektive Test möglich? In Chicago ist man zur Zeit bemüht, auf der Grundlage konstruktiver Kritik alle tendenziösen kulturellen Faktoren aus den Tests herauszunehmen, um objektive Testbatterien herzustellen, die frei von jeder ideologischen und kulturellen Färbung sind. Die ersten Versuchsergebnisse sind so spärlich, daß sie den Bemühungen der Forscher noch nicht entsprochen haben, aber sie sind so lehrreich, daß sie eine nähere Analyse verdienen.

Die Verhaltensregeln, die ein Mensch in seiner Kindheit erwirbt (hier: «Warten, bis man an der Reihe ist»), bestimmen meist auch das Verhalten im späteren Leben.

Als erstes konnte nachgewiesen werden, daß eine beachtliche Korrelation zwischen dem IQ der Kinder und der sozial-beruflichen Position der Eltern besteht.

Zum zweiten war diese Korrelation auch in allen Versuchen vorhanden. Die größten Unterschiede bestanden in den Sprachtests.

Die Items Die Items, das heißt, die nach bestimmten statistischen und inhaltlichen Kriterien erstellten Testfragen, verstärken den Auswahlcharakter des Tests, je mehr Schulwissen abgefragt wird oder wenn sich die Fragen mehr auf den Erfahrungsbereich der unteren, mittleren oder oberen Mittelschicht als auf den der Unterschicht stützen. Die

Items, bei denen der Auswahlcharakter am geringsten ist, sind die nonverbalen oder jene, die sich auf alltägliche Dinge oder Erfahrungen beziehen. Diese Art von Items wird von 90 % der Population erfolgreich gelöst. Man könnte meinen – und einige tun es auch –, daß hier tatsächlich Intelligenz gemessen wird, daß diese bei der Mehrheit der Bevölkerung durchschnittlich ist und daß die Unterschiede allein auf den verschiedenen Kenntnissen und Motivationen, je nach soziokulturellem Niveau beruhen.

Diese Annahme zu akzeptieren würde jedoch die Funktion der Tests rundweg in Frage stellen. Wurde sie doch ins Leben gerufen als Auswahlinstrument, als ein Instrument der differentiellen Psychologie. Zempleni kommentierte eine Untersuchung dazu von Vernon folgendermaßen: «Eine unveränderte Anwendung der Tests ist solange vertretbar, wie man nicht die traditionelle Intelligenz messen will, die von den gegenwärtigen afrikanischen Gesellschaften verurteilt wird – Vernons Untersuchung analysiert die Entwicklung afrikanischer Kulturen –, sondern bestimmte Fähigkeiten, die sich auf unser gegenwärtiges Intelligenzkonzept beziehen. Dieses Konzept ist wohl in unserer ‹westlichen› Welt gültig, nicht aber unbedingt in anderen Kulturen.»

Empirische Untersuchungen zur Milieutheorie Der Phänotypus Intelligenz hat sich in den letzten Jahren bedeutsam gewandelt. Hier einige Beispiele:

Im Jahre 1956 veröffentlichten I. Lezine und O. Brunet die folgenden Untersuchungsergebnisse:

Entwicklungsquotient (EQ) von Kindern verschiedener Milieus

Alter der Kinder	Gruppe I (Kinder von Psychologen)	Gruppe II (Arbeiter-Kinder)	Gruppe III (Adoptiv-Kinder)
6 Monate	100	102	100
1 Jahr	102	100	87
2 Jahre	102	102	86
3 Jahre	115	97	83
4 Jahre	117	98	80

Wie aus dem Schaubild bereits ersichtlich wird, arbeiteten Lezine und Brunet mit drei Gruppen von Kindern: Gruppe I bestand aus Kindern von Psychologen, Gruppe II aus Arbeiterkindern und Gruppe III aus Kindern, die bei Adoptiveltern aufwuchsen, deren soziokulturelles Milieu aber ähnlich wie das der Kinder von Gruppe II war.

Nach sechs Monaten waren die Entwicklungsquotienten in allen drei Gruppen ähnlich. Unter EQ verstehen wir ein Maß, das aus der Relation zwischen der von einem Kind erhaltenen Punktzahl auf einer Skala zur Messung der psychomotorischen Entwicklung in der ersten Kindheit und der mittleren Punktzahl, die jedes Kind eines bestimmten Alters erreichen müßte, besteht. Die Berechnungsformel hierzu lautet:

$$EQ = \frac{\text{Entwicklungsalter}}{\text{Lebensalter}}$$

Sechs Monate später – als die Kinder 1 Jahr alt waren – blieben die EQ der beiden ersten Gruppen konstant, während der EQ der Gruppe III zu sinken begann.

Nach zwei Jahren war noch kein merklicher Unterschied zwischen den Gruppen festzustellen. Zwischen dem 2. und dem 3. Jahr wurde jedoch eine unterschiedliche Entwicklung bemerkbar. Die Kinder der Psychologen, die in einem günstigen Milieu erzogen wurden, verbesserten ihren EQ um einiges mehr als die anderen Kinder. Auch im 4. Jahr blieben diese Unterschiede weiterhin bestehen. Somit konnte festgestellt werden: von den drei Gruppen, deren Möglichkeiten im Alter von 6 Monaten praktisch die gleichen waren, erhöhte die begünstigtere Gruppe (I) ihren EQ beträchtlich, die zweite Gruppe konnte ihren EQ zumindest halten, und die weniger begünstigte Gruppe (III) hatte einen beachtlichen Rückgang des EQ zu verzeichnen. Der EQ, der in den ersten 6 Monaten bei allen Gruppen fast gleich war, trennt nach vier Jahren die Gruppen I und II um 19 Punkte und die Gruppen I und III um 37 Punkte voneinander.

Die Vertreter der Milieutheorie sehen hierin eine erneute Bestätigung ihrer Argumente.

Das soziale Milieu bestimmt auch das Bildungsniveau.

Entwicklung des IQ jener Kinder, die C. Chiland im Bezirk XIII in Paris beobachtete

IQ im Alter von 6 Jahren	Der IQ sank bei:	IQ blieb konstant bei:	IQ stieg an bei:
120 und mehr	_Sophie_ 122–114	Jean Claude 135–135 Nicolas 130–130	Daniel 129–154 Thierry 123–138 Nicole 123–136 Henri 120–140 Lucie 120–135
110–119	Hugues* 116–106 _Jacques_* 115– 84 Louis* 114– 95 André* 111– 96	Gaston* 112–106 Antoine* 112–111 Thérèse 112–115 Anne 110–112	François 117–129 Bernard 116–120 Albert 114–130 Caroline 114–137 Eléonere 114–126 Roger 113–130
99–109	Lisette 108– 98 _Reine_** 106– 78 _Charlotte_* 104– 88 Roberth* 101– 94 Carole** 99–87 Annick* 99–86 _Marie_** 99–91 _Léone_** 97– 90 _Paulette_* 95– 88	_Victor_** 109–106 Jacqueline 108–102 _Jeanne_* 106–109 _Georgette_ 105–107 _Irène_* 102–102 Hélène 102–102 Blanche* 101– 95 Christophe* 100– 98 _Denis_* 100– 98 _Harold_* 100–95 Berthe 93– 97 _Pascal_** 92–97 Yvon** 91– 89	Laure 106–121 Didier 101–111 Corinne 100–109 _Nadine_* 99–114 Colette 99–109
80– 89	_Brigitte_** 89– 75 _Lucienne_* 88– 80 Frédéric* 85– 76	Pierre* 88– 91 _Raoul_* 87– 87 _Gérard_* 85– 85 Philippe* 84– 83	
79 und weniger			_Violette_** 79– 89 _Patrick_* 78– 88 _Olivier_** 74– 82
Gesamtzahl der Kinder	17	23	19

Kinder, deren Name in Kursivschrift erscheint, gehören einem soziokulturell «niedrigen» Milieu an.
* = *Wiederholen das Schuljahr einmal.*
** = *Wiederholen zwei Schuljahre.*

Der IQ ist nicht statisch Im Bezirk XIII in Paris arbeitete C. Chiland im Rahmen einer staatlichen Schule mehrere Jahre lang mit einer Gruppe von 66 Kindern. Den ersten Test führte er mit ihnen durch, als sie im Alter von 6 Jahren zum erstenmal in die Schule kamen, nach fünf Jahren den letzten. Der Vergleich dieser beiden Testresultate wurde in einer Tabelle aufgeschlüsselt. Daraus ergab sich dann die Anschlußtabelle auf dieser Seite.

Soziales Milieu	IQ-Abnahme	Konstanter IQ	IQ-Anstieg
«Untere» Schichten	9	9	3
Andere	8	14	16
Insgesamt	17	23	19

Schulbesuch	IQ-Abnahme	Konstanter IQ	IQ-Anstieg
Normale Dauer	2	8	15
Überdurchschnittlich langer Schulbesuch (Wdh. 1–2 Jahre)	15	15	4
Insgesamt	17	23	19

Ausführlicher gesagt bedeuteten diese Ergebnisse: von 59 Kindern weisen 17 (28 %) einen Rückgang des IQ auf, 19 (32 %) einen Anstieg, 23 (39 %) blieben konstant. Anders ausgedrückt: 60 % verändern ihren IQ und 40 % bleiben unverändert.

Vergleicht man diese Ergebnisse nach Gruppen, so kann man feststellen, daß in der ersten Gruppe der IQ bei 42 % der Kinder sinkt, in der zweiten Gruppe jedoch nur bei 21 %. Der Anstieg des IQ erfolgt in der ersten Gruppe dementsprechend bei 14 % und in der zweiten Gruppe bei 42 % der Kinder.

Konstant geblieben ist der IQ bei 42 % der Kinder in der ersten und bei 36 % der Kinder in der zweiten Gruppe.

Bei der Veränderung des IQ spielt auch die schulische Entwicklung des Kindes eine Rolle. Aus der Tabelle auf Seite 85 lassen sich folgende Schlußfolgerungen ziehen: Kinder, die eine normale schulische Entwicklung durchgemacht haben, behalten oder erhöhen ihren IQ. Das war bei 92 % (23 von 25) der Fall, wobei nur 8 % einen IQ-Gewinn zu verzeichnen hatten; dagegen erhöhten oder behielten nur 56 % der Kinder (19 von 34) mit unregelmäßigem Schulbesuch ihren IQ bei, während er sich bei 44 % (15 von 34) verringerte.

Von den Kindern, die beim ersten Test einen IQ höher als 110 zu verzeichnen hatten, gehörten zwei einem niedrigen Niveau an und beide verschlechterten ihren IQ im Laufe der 4 Schuljahre. Einer von ihnen, Jacques, der einen Anfangs-IQ von 115 hatte, mußte zweimal ein Schuljahr wiederholen, so daß er am Ende der Versuchszeit einen schulischen Rückstand von 2 Jahren hatte.

Einmal mehr scheint der entscheidende Einfluß der Umweltbedingungen und der Schulzeit auf die Entwicklung des IQ bestätigt.

Eine neuere Untersuchung von M. Moreno und G. Sastre hat gezeigt, wie in Barcelona Kinder, die aus einem relativ niedrigen soziokulturellen Milieu kamen, aber verschiedene Schulen besuchten – ein Teil ging in Schulen, die darauf ausgerichtet waren, verstärkt Einzelbegabungen zu fördern –, im Hinblick auf die Entwicklung ihrer Intelligenz sehr bedeutungsvolle Unterschiede zeigten. Der soziale und wirtschaftliche Hintergrund war bei allen Kindern derselbe, ihre intellektuelle Entwicklung jedoch variierte, je nachdem, wer die besseren Schulen besucht hatte.

Wenn wir also einen Einfluß der Umweltbedingungen auf den Phänotypus Intelligenz akzeptieren, bleibt noch zu fragen, welche Faktoren sich besonders stark auswirken.

Erinnern wir uns an Larmats Ausführungen über das menschliche Gehirn: bei der Geburt ist dieses Organ noch nicht vollständig entwickelt und bedarf einer Reihe von günstigen Bedingungen, von der Ernährung bis zu den Umweltreizen, um das Maximum seiner Möglichkeiten zu erreichen.

Welche Umweltreize beeinflussen die Intelligenz? Es gibt unter den Milieutheoretikern eine Richtung, die versucht festzustellen, welche Variablen im sozialen, wirtschaftlichen und kulturellen Rahmen am stärksten an der Entwicklung der Intelligenz beteiligt sind.

Folglich verfechten sie die Notwendigkeit einer ökologischen Untersuchung innerhalb der Lebenswirklichkeit, der «natürlichen Umweltbedingungen», um die Faktoren zu bestimmen, die eine Erklärung für die augenscheinlichen Unterschiede des Phänotypus Intelligenz, welche durch den IQ zum Ausdruck kommen, sein könnten.

Zunächst gibt es eine Untersuchungsmethode, die die Anzahl der Reize nachweist, die in einem hohen soziokulturellen Niveau häufiger vorhanden sind als in einem niedrigen. In diesem Zusammenhang haben Versuche mit Ratten ergeben, daß diejenigen, die nach genetischen Gesichtspunkten ausgewählt und außerdem noch in einem an Reizen «reichen» Milieu aufgezogen wurden, ein Anwachsen der Lernfähigkeit verzeichneten.

Beim Menschen scheinen die Reize zwei unterschiedlichen Kategorien anzugehören: der affektiven und der den Sinnen zugeordneten Katego-

Jedes Kind muß in seiner sozialen Umwelt ein Objekt finden, auf das es seine Aktivitäten konzentrieren und beziehen kann – es braucht eine Bezugsperson. Entscheidend dabei ist nicht das Geschlecht der Bezugsperson oder ihre Blutsverwandtschaft mit dem Kind, sondern die Qualität und Intensität ihrer Bindung zu dem Kind. Meist ist die Mutter die Bezugsperson, aber es kann genausogut der Vater oder eine andere Person aus der Umgebung des Kindes sein.

rie, die aus Wahrnehmung, Motorik und Sprache besteht. Letztere fördert die Entwicklung der sensomotorischen Intelligenz und bereitet den Zugang zu sinnvollen – intelligenten – Verhaltensäußerungen vor.

Die affektiven Reize Auch die affektiven Reize sind von besonderer Wichtigkeit. Dies scheinen die Untersuchungen von R. Spitz zu beweisen, der mit Kindern gearbeitet hat, die in einem hygienisch einwandfreien, aber affektiv kalten Milieu erzogen wurden.

Zweifelsohne sind die ersten affektiven Kontakte, die das Kind mit der Mutter verbinden, von entscheidender Bedeutung für seine spätere Entwicklung. Wir müssen hier kurz klären, was in diesem Falle mit ‹Mutter› gemeint ist: einige Psychoanalytiker benutzen zwar diesen Begriff, meinen damit aber in Wirklichkeit «mütterliche Pflege» und treten für einen entsprechenden, weitergefaßten Begriff ein. Der Begriff «mütterliche Pflege» wurde erstmals von Winnicot benutzt, der davon ausging, daß in vielen Fällen eine gute Großmutter oder jeder andere Verwandte eine bessere «Mutter» für das Kind ist als eine leibliche Mutter, die mit Ablehnungsgefühlen gegen das Kind zu kämpfen hat oder einfach nicht mit der Problematik, ein Kind zu haben, fertig wird.

Kinder brauchen Liebe Was das Kind braucht, ist eine Quelle der Sicherheit und der Liebe, ohne Rücksicht darauf, woher sie kommt. Darin sind sich die Psychologen einig, wobei sie der «Sicherheit» eine vielleicht größere Bedeutung einräumen als der «Liebe», ohne daß sie sie deshalb ablehnen. Es hat sich tatsächlich gezeigt, wie Mütter, die ihre Kinder zwar lieben, aber sie dabei ganz in Anspruch nehmen, einen verheerenden Einfluß auf ihre Entwicklung ausüben; es hat sich ebenso gezeigt, wie die Strenge in der Erziehung, die Härte und die Feindseligkeit, welche eher zu Unsicherheit und nicht zu Selbständigkeit führen, in einer negativen Korrelation zum IQ stehen, der normalerweise bei Schulkindern gemessen wird.

Diese Überlegung weiterverfolgend, haben einige Psychoanalytiker, wie zum Beispiel Maud Mannoni, die Geistesschwäche mit dem Grad an Abhängigkeit zwischen Mutter und Kind zu erklären versucht.

Einige Mütter mit neurotischen Tendenzen haben das Bedürfnis, ihr Kind in einer ständigen Abhängigkeit zu halten. Das Kind paßt sich diesen Erwartungen der Mutter an und bleibt «unintelligent», weil seine Mutter will – und es auch braucht –, daß das «Objekt», das sie einst zur Welt gebracht hat, nicht eines Tages zum «Subjekt» werden könnte, sondern daß es weiterhin eine Quelle der Sorgen für sie bleibt, daß es von ihr abhängig bleibt, denn es ist ja «ihrs».

Ohne weiter auf solche Beispiele zurückgreifen zu müssen – die nicht die Regel darstellen –, scheint es erwiesen, daß die affektiven Reize in den ersten Kindheitstagen und -wochen für eine normale Entwicklung des Kindes unentbehrlich sind und daß ohne sie sich auch die Intelligenz nicht normal entwickeln kann.

Diese affektiven Reize haben zweierlei Ursprung: zum einen im direkten körperlichen Kontakt – Zärtlichkeit und Liebkosungen, welche nach der Ansicht der meisten Psychologen außerordentlich wichtig sind – und ferner in einem gewissen Maß an «Normalität» der affektiven Beziehungen zwischen Mutter und Kind.

Hier könnte man schon eine erste Differenzierung der Umweltbedingungen vornehmen. Ohne Zweifel ist mütterliche Liebe kein Vorrecht bestimmter sozialer Schichten; anders sieht es mit der Sicherheit aus, denn hierin unterscheiden sich die Möglichkeiten der Mütter innerhalb eines sozialökonomischen Gefälles.

Läßt man neurotisch bedingte Probleme beiseite, die bei Müttern aller Schichten auftauchen können, bringen die Mütter höherer Gesellschaftsschichten eine größere Sicherheit bezüglich der Ernährungs- und Pflegemöglichkeiten mit als andere. Ferner wissen sie, daß sie sich jemanden leisten können, der sich um das Kind kümmert, während sie «ihr Leben» weiterleben, ihren Beschäftigungen weiterhin nachgehen oder ihre Hobbies pflegen können. Das können Mütter aus den unteren

Schichten, die gezwungen sind, den Lebensunterhalt der Familie mitzuverdienen, nicht.

Die verbalen und sensomotorischen Reize Die verbalen und sensomotorischen Anstöße gehören zu der zweiten Kategorie lebensnotwendiger Reize.

Man hat nachgewiesen, daß im kindlichen Gehirn die Verbindungen zwischen den Hirnzellen zunehmen, entsprechend der Anzahl der Reize. Daher ist es wichtig, daß das Kind ein breit gefächertes Angebot an Reizen erhält: Dinge, mit denen es spielen kann, Dinge zum Anfassen, Beobachten, Saugen, Beißen und Ziehen.

Hierzu Ajuriaguerra: «Es ist eine Tatsache, daß die Reize für die Erhaltung und Entwicklung der Reifung des Neuronensystems außerordentlich wichtig sind und daß das Fehlen von – oder der Mangel an – solchen Reizen von außen auf die Organisation der Aktivität der Hirnrinde hemmend wirkt oder sie fehlerhaft funktionieren läßt, auch wenn sie auf Grund ihrer anatomischen Voraussetzungen funktionsfähig wäre.»

Die einfache Beobachtung läßt uns schon feststellen, daß die Anzahl aller Reize je nach sozialer Umwelt variiert. Denken wir allein an das Kinderzimmer bei Eltern aus dem oberen Bürgertum. Darin werden vermutlich didaktische Spiele den Vorrang haben. Wenn das Kind zwei Jahre alt ist oder schon früher, werden die Eltern Geschichten vorlesen, Lieder singen, ihm altersgemäße Bücher schenken, dem Kind die Namen für die Dinge beibringen, mit denen es in Berührung kommt; und jeder Beweis des Kindes seiner «beginnenden Intelligenz», jede neue Errungenschaft wird von den Eltern gelobt und gefeiert. Wie sieht es aber bei einer Mutter aus, die arbeiten muß, um das nötige Haushaltsgeld zu beschaffen? Wird sie Zeit haben, Geschichten zu erzählen, Lieder zu singen? Wovon soll sie die Lernspiele bezahlen? Und selbst wenn sie das Geld dazu hätte, wie sieht es mit der Verbreitung der notwendigen wissenschaftlichen Erkenntnisse auf diesem Gebiet in den mittleren und unteren sozialen Schichten aus? Man bringt den Müttern Körperhygiene des Babys bei, aber auf physische Hygiene wird nicht genug oder überhaupt nicht hingewiesen.

Die qualitative Organisation der Reize Es gibt Untersuchungen, die weniger Wert auf die Anzahl als auf die qualitative Organisation der Reize legen. Die Herstellung der Verbindung zwischen den Neuronen erfordert eine bestimmte Wiederholung ein und desselben Reizes. Ein Überhang jedoch kann zur Monotonie und somit zum Ausschalten der «Motivation» beim Individuum führen. Das bedeutet, daß sowohl die Wiederholung als auch eine gewisse Vielfältigkeit notwendig sind. Die Gesetze, die der Strukturierung der Reize zugrunde liegen, sind ähnlich

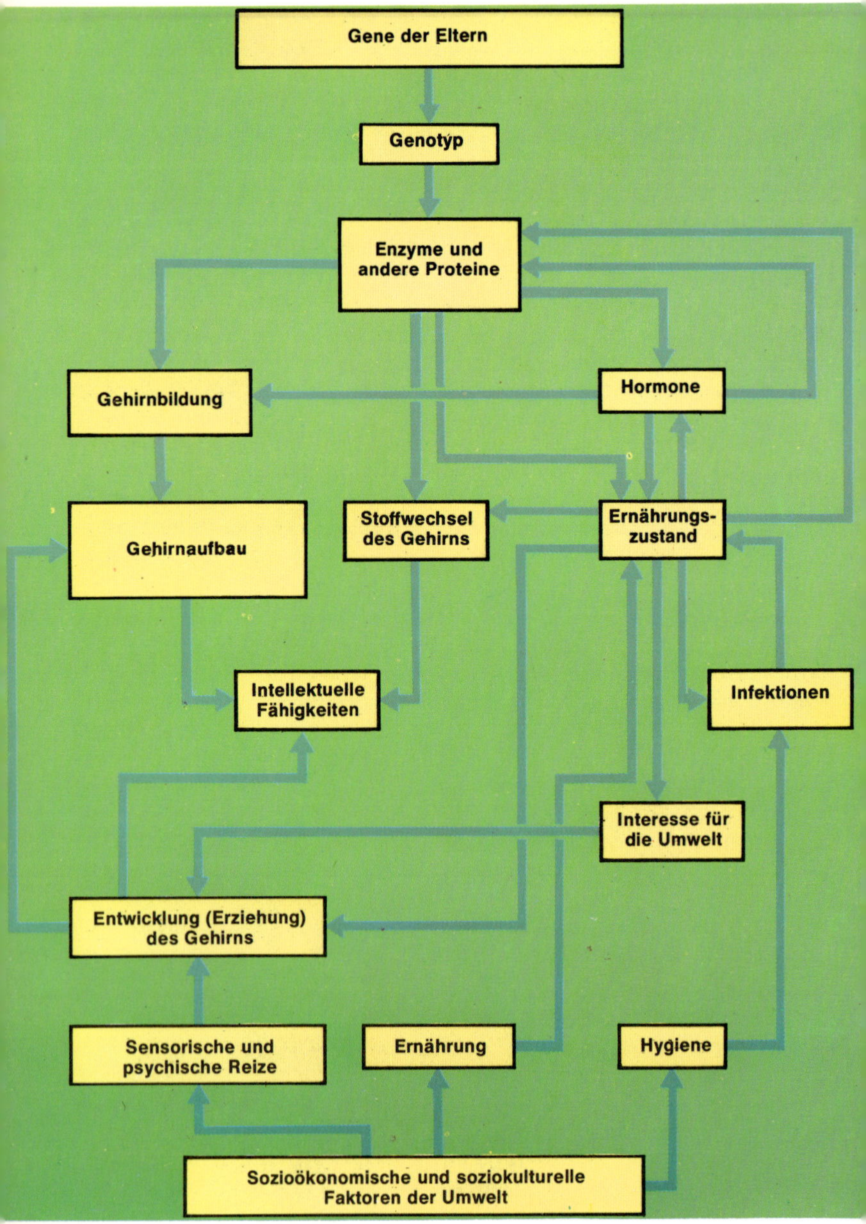
Gene der Eltern
Genotyp
Enzyme und andere Proteine
Gehirnbildung
Hormone
Gehirnaufbau
Stoffwechsel des Gehirns
Ernährungszustand
Intellektuelle Fähigkeiten
Infektionen
Interesse für die Umwelt
Entwicklung (Erziehung) des Gehirns
Sensorische und psychische Reize
Ernährung
Hygiene
Sozioökonomische und soziokulturelle Faktoren der Umwelt

wie diejenigen, die dem Lernprozeß zugrundeliegen: eine gewisse Wiederholung ist zur Aufnahme der Lerninhalte notwendig, ein Zuviel bedeutet Monotonie und die Weigerung, solche Angebote anzunehmen.

Ob das Kind die Erfahrungen und Erkenntnisse der ersten Kindheit ablehnt oder akzeptiert, spielt bei den Erklärungsversuchen der Psychologen eine große Rolle. Jeder Reiz fordert eine Reaktion heraus, gleichgültig, ob sie lust- oder unlustvoll ist. Das Kind erfährt bereits in den ersten Tagen die Anerkennung oder Ablehnung durch seine Umwelt. Frühkindliche Erfahrungen dieser Art können bestimmend für den gesamten weiteren Lebens- und Erfahrungsprozeß werden. In diesen Fragen zur frühkindlichen Determination überschneiden sich fast alle Sozialwissenschaften mit ihren verschiedenen Forschungsbereichen.

Zum Schluß zeigen wir auf Seite 92 das Diagramm von Larmat, das die Wechselbeziehungen zwischen den Erbfaktoren und den Umweltfaktoren darzustellen versucht.

Für die Vererbungstheoretiker werden vermutlich nur jene Faktoren interessant sein, die die Vererbung berücksichtigen; für die Milieutheoretiker nur die Umweltfaktoren; und diejenigen, die die Wechselwirkung von Vererbung und Milieu vertreten, werden weiterhin annehmen, daß alle Faktoren im Phänotypus Intelligenz, der sich im Verhalten äußert, vereinigt sind.

Pädagogische Konsequenzen aus der Debatte um Vererbung und Milieu Wie wirkt sich die Diskussion um Erbanlagen und Umwelteinflüsse auf die Aufgaben der Pädagogik aus? Welche Folgen wird die Anlehnung an die eine oder andere Theorie für die erzieherische Orientierung, die Organisation der Schule haben?

Gehen wir vom Standpunkt der Vererbungstheoretiker aus, kann die Schule nur eine Auswahl vornehmen, die biologisch bereits vorentschieden wurde. Dann besteht die Aufgabe des Lehrers lediglich darin, Lehrinhalte weiterzugeben. Sein Ziel wird sich auf reine Information und Verbreitung von Wissen beschränken und nicht in der gezielten Förderung von Intelligenz und Fähigkeiten liegen. Wenn ein Schüler die ihm gegebene Information nicht behält, so liegt das daran, daß er von seinen Erbanlagen her schlecht ausgerüstet ist. Die Ursachen für die Anpassungsunfähigkeit des Kindes werden nicht in der Umwelt vermutet oder gesucht.

Wenn aber andererseits die Umweltbedingungen die entscheidende Voraussetzung für die Entwicklung der Intelligenz darstellen, so hat der Lehrer eine sehr wichtige Aufgabe zu erfüllen, und die Erziehung muß alle negativen Umweltfaktoren berücksichtigen, um sie zu verbessern und Ungleichheiten ausgleichen zu können.

Was diese zweite Ausgangsposition betrifft, haben bereits einige Pädagogen und Psychologen vorrangig in zwei Richtungen gearbeitet: die einen führen die sogenannten «Programme kompensatorischer Erziehung» durch, in der Bemühung, Unterschiede zu beseitigen und den weniger begünstigten Kindern die notwendigen Mittel zu geben, die sie von zu Hause nicht mitbringen, die sie aber brauchen, um in der Schule voranzukommen.

Die andern üben heftige Kritik an der Schule und ihrer soziokulturellen Rolle. Diese Kritik bezieht sich sowohl auf die pädagogischen Inhalte der Schule als auch auf die unmittelbare Form, diese Inhalte zu vermitteln.

Programme kompensatorischer Erziehung Im Jahre 1956 führte das Internationale Kinderzentrum (C.I.E.) eine Untersuchung durch und stellte ein Programm kompensatorischer Erziehung zusammen, das hauptsächlich auf die ländlichen Bezirke Frankreichs zugeschnitten war. Diese Programme hatten die Organisation von Freizeitprogrammen zum Ziel, die zu einer besseren Bildung und damit auch einer optimaleren Intelligenzentwicklung beitragen sollten.

Der Versuch erstreckte sich über zwei Jahre. Es nahmen 420 Kinder aus 18 Klassen und 12 verschiedenen Dörfern teil. Die kurze Dauer dieses Versuchs erlaubte den Autoren keine endgültigen Feststellungen, aber die Erfahrungen zeigen, daß die Kinder anscheinend sehr wertvolle Resultate erzielt haben.

Zwei wichtige Aspekte rücken bei der Beurteilung des Versuches in den Vordergrund: da ist zunächst der Lehrer. Je dynamischer er sich zeigte und je tiefer er mit der ländlichen Umgebung verwurzelt war, je mehr er in diesem Milieu lebte und sich als Teil davon verstand, desto besser waren die erzielten Ergebnisse. Natürlich gab es auch dynamische Lehrer, mit denen schlechte Erfahrungen gemacht wurden.

Zum anderen bestätigte diese Versuchsreihe, daß es für die individuelle Entwicklung der Kinder außerordentlich wichtig war, wie weit ihre persönlichen Bedürfnisse und Interessen, die nicht unabhängig von dem Milieu, dem sie entstammten, gesehen werden konnten, Eingang in diese Programme fanden.

Das bedeutet: «Ausgehend von der Schule selbst werden zahlreiche Mittel zur möglichst weiten Verbreitung von Bildung geschaffen, die außer- und nachschulische Aktivitäten beinhalten. Es kommt darauf an, daß diese Bildungsprogramme in unmittelbarer Beziehung zu den Eigenschaften und Anforderungen des täglichen Lebens stehen. Ein Kind zu erziehen bedeutet, es zu bilden und – manchmal mit Erfolg – es zu verändern; dies kann nur dann geschehen, wenn man grundsätzlich von seinen tatsächlichen Möglichkeiten und seinen spontanen Interessen ausgeht...»

Die Leiter der Untersuchung betonen auch die Begierde der Kinder und den positiven Anklang, die diese Art von Angeboten bei den Kindern gefunden hat, sowie die Tatsache, daß bestimmte Altersstufen besonders dafür geeignet sind, diese Angebote zu akzeptieren und zu verarbeiten. Diese Altersstufen stehn im Einklang mit jenen, die die Psychologen als Entwicklungsstufen des Kindes bezeichnen.

Kompensatorische Programme in der Vorschule In den USA sind auf pädagogischem Gebiet eine Reihe von Programmen zur kompensatorischen Erziehung erarbeitet worden, die sich fast immer auf die Vorschulzeit beziehen. Sie lassen sich in drei Kategorien unterteilen:

Programme, die die Unterschiede zu «kompensieren» versuchen, liefern vor allem eine Reihe von Angeboten, die normalerweise in einigen sozioökonomischen und kulturellen Milieus völlig fehlen; sie beruhen auf der bereits erwähnten Annahme, daß die Umweltreize für die Entwicklung der Intelligenz von Bedeutung sind. Folglich wird die Schule versuchen, den Kindern all das zu geben, von dem man annimmt, daß sie es in ihrer frühen Kindheit vermißt haben.

Programme, die darauf ausgerichtet sind, möglichst gute schulische Leistungen zu ermöglichen. Der Inhalt dieser Programme wird daher besonders aus vorschulischem Lesen und Schreiben, vielleicht auch aus Sprachübungen bestehen. Diesen Programmen liegt die Annahme zugrunde, daß das Kind die besten Möglichkeiten hat, in der Schule nicht zu versagen, je eher es mit dem Lernen beginnt.

Die extremen Verfechter der Vererbungstheorie, wie zum Beispiel Jensen, behaupten, daß der entscheidende Grund für das Versagen darin liegt, daß der Vererbungsfaktor der Intelligenz nicht genug berücksichtigt wird. Eysenck nimmt hier eine weniger strenge Haltung ein: «Die Intelligenz wird zu 80 % von den Erbanlagen und zu 20 % von den Umweltbedingungen bestimmt.» Somit gibt es seiner Meinung nach einen gewissen Spielraum, die kompensatorischen Programme noch weiter zu verbessern, solange sie die individuellen Unterschiede nicht außer acht lassen.

Das Scheitern dieser Programme würde also gegebenenfalls nicht bedeuten, daß nicht andere, besser entwickelt werden könnten oder daß die Forschungen auf diesem Gebiet eingestellt werden sollten.

Ein außergewöhnliches Experiment Sehen wir uns zum Beispiel die Untersuchung von Prof. R. Heber aus Wisconsin (USA) an: Er stellte eine Gruppe von 80 schwarzen Kindern zusammen, die aus äußerst armen Familienverhältnissen stammten und einen durchschnittlichen IQ von 80 mitbrachten. Jeden Morgen wurden sie in eine Spezialschule gebracht, wo jeder Kind von je einer ausgebildeten Sozialhelferin in Emp-

Dem Schulkind werden Sprache und Schrift nicht zuerst als Instrumente zur Kommunikation vermittelt, sondern als Regeln, die Bestandteile der Normen sind.

fang genommen wurde – insgesamt also 80 Sozialhelferinnen. Sie beschäftigten sich den ganzen Tag mit ihnen, sprachen und spielten mit ihnen und versuchten, eine maximale Entwicklung in Gang zu setzen und somit ihre intellektuelle Entwicklung soweit wie möglich zu fördern. Am Nachmittag wurden die Kinder in ihre Häuser zurückgebracht, wo die Mütter bereits von einem Beratungsteam dieses Projektes in Allgemein- und Verhaltensfragen unterstützt worden waren, um mit ihren alltäglichen Sorgen fertig zu werden. Unter diesen Bedingungen ‹liefen› die Kinder ganz einfach ‹davon› und erreichten einen IQ von mehr als 100. Somit übertrafen sie nicht nur eine Kontrollgruppe schwarzer Kinder, sondern auch andere Vergleichsgruppen weißer Kinder. Außerdem war ihr Verhalten völlig verändert. Sie verständigten sich besser und waren in ihrer Außenwelt entsprechend orientierter.

Das waren die Ergebnisse, die die Kinder im Alter von 4 Jahren erzielten. Dabei muß allerdings berücksichtigt werden, daß frühe Fortschritte oft nicht durch die Pubertät hindurch erhalten bleiben und daß die in die-

Die Ausgestaltung einer Vorschulklasse kann zur Schaffung eines geeigneten Klimas beitragen, das die Kinder dazu reizt, die ersten Mal- und Schreibversuche zu machen.

sem Alter durchgeführten IQ-Tests kaum brauchbar sind, um den IQ eines Erwachsenen vorauszusagen.

Dennoch geht der Versuch vorerst weiter und wird von vielen Psychologen aufmerksam und mit großen Hoffnungen verfolgt.

Dennoch: Mag dieser Versuch noch so erfolgreich enden, er wird sich nicht allgemein einführen lassen. Seine Kosten belaufen sich auf eine Million Dollar im Jahr für etwa 100 Kinder.

Handicaps Die dritte Kategorie kompensatorischer Erziehungsprogramme bringt die *Handicaps* der soziokulturell wenig begünstigten Kinder mit der Intelligenztheorie beziehungsweise mit Piagets Theorie über die Entwicklung der Intelligenz in Verbindung. Somit liefern diese Programme nicht nur eine Reihe von Reizen – bzw. eine höhere Anzahl von Reizen – oder bereiten die Kinder auf die Schule vor, sondern sie fördern systematisch organisierte Reize, die die Entwicklung des Gehirns beschleunigen und dem Kind den Zugang zu einem höheren Intelligenzniveau ermöglichen sollen. Ist dieses Niveau einmal erreicht, werden neue, beziehungsweise die gleichen Reize nur neu organisiert angewandt, um so den Zugang zu einer neuen Etappe zu eröffnen.

Besteht das Ziel dieser Programme in der Entwicklung der Intelligenz, so müssen sie immer so strukturiert sein, daß die Reize jeweils dem Stand des Entwicklungsabschnitts entsprechen. Auf diesem speziellen Gebiet arbeiten zum Teil Spezialistenteams in den USA und Belgien im Institut für Experimentelle Pädagogik in Lüttich.

Kritik der kompensatorischen Erziehung Bevor wir unsere Ausführungen über die kompensatorische Erziehung beenden, wollen wir einige der Fehler aufzeigen, die man inzwischen feststellen konnte. Sie können in drei Punkten zusammengefaßt werden:

Die Bewertungsinstrumente sind, im Falle der Heber-Studie, unvollständig. Es wurde hier lediglich der IQ benutzt, der in den ersten Untersuchungsphasen anstieg und anschließend sank. Das war alles. Man hätte außerdem noch andere Bewertungsmaßstäbe verwenden müssen, um zum Beispiel die Endergebnisse zu überprüfen.

Programme, die sich zunächst nur auf die Vorschulzeit beschränken, sollten mindestens zwei Jahre weiter fortgesetzt werden, das heißt in die ersten Grundschuljahre mit übernommen werden. Dann erst könnte man einen wesentlichen Unterschied feststellen.

Die Ziele, die dadurch verfolgt und die Methoden, die angewendet werden, entsprechen nicht einer allgemeinen Theorie der Erziehungsentwicklung; sie stimmen mit den Phasen der Entwicklung und Schulzeit nicht überein.

Kritik der Schulinstitutionen Diese Kritik umfaßt eine größere Anzahl von Punkten, die wir im folgenden in Kurzform wiedergeben wollen:

Die guten Ergebnisse, die ein Kind in der Schulzeit erzielt, sind nicht nur Produkt seiner Intelligenz.

Bei gleicher oder innerhalb eines Rahmens gelegener Intelligenz – welche von den IQ-Tests ermittelt wird – müßten bestimmte soziale Schichten eine normale Schulbildung erhalten und andere nicht. In diesem Zusammenhang erscheint uns die Ergebnistafel von C. Chiland von Interesse:

IQ	Untere soziokulturelle Schichten		Andere Schichten	
	Durchschnittliche Schulbildung		Durchschnittliche Schulbildung	
110 oder mehr	1	1	15	6
90 bis 109	1	11	8	7
89 oder weniger	0	7	0	3

Lassen wir die Fälle, die einen extrem hohen oder extrem niedrigen IQ zeigen beiseite, so sieht man, daß auf mittlerer Ebene (IQ = 90 – 109) 91 % der Kinder, die einer sozial schwachen Gruppe angehören (11 von 12) im Laufe der Schulzeit um ein oder zwei Jahre in den Rückstand geraten und nur ein einziges Kind einen normalen Entwicklungsprozeß macht. Dagegen weisen nur 46 % der Kinder der anderen Schichten, die einen höheren IQ hatten, Störungen der Schullaufbahn auf (7 von 15).

IQ und Beruf stehen nicht unmittelbar in Beziehung zueinander Erwähnenswert ist auch eine Untersuchung von Burt aus dem Jahre 1961. Darin unterscheidet er 6 verschiedene Berufstypen, wobei er sich grundsätzlich mehr auf den Ausbildungsstand und auf die erforderlichen intellektuellen Fähigkeiten bezieht als auf deren soziales Prestige oder Verdienstmöglichkeiten. In die Kategorie I gehören demnach unter anderem Professoren, Ärzte, Rechtsanwälte, Geistliche, höhere Beamte, höhere Angestellte in Industrie und Handel. Diese Kategorie setzt längere Ausbildungszeiten und höhere intellektuelle Fähigkeiten voraus, die sich aus den Anforderungen des Berufs selbst ergeben.

Dagegen gehören nach Burt in die Kategorie VI die ungelernten Arbeiter, die Landarbeiter und Gelegenheitsarbeiter, die zur Ausführung ihrer Tätigkeit keine höhere Ausbildung benötigen und von denen man demzufolge annimmt, daß sie einen geringeren Intelligenzgrad haben.

Die Ergebnisse der IQ-Tests sinken entsprechend diesen Kategorien, wenngleich auch innerhalb jeder Kategorie wieder große Unterschiede zu verzeichnen sind.

Hierzu Larmat: «Die Streuungskurven der IQ überschneiden sich oft. Zum Beispiel liegt der IQ eines nicht unbeträchtlichen Anteils der Mitglieder der Gruppe I unter dem der Besten in der Gruppe III. Der soziale und berufliche Erfolg schlägt sich nicht unbedingt im IQ nieder... Wir dürfen uns über diese auch innerhalb einer Kategorie vorhandenen Streuungswerte nicht wundern. Selbst bei niedrigem IQ kann jemand eine gehobene Position innehaben, sei es weil andere Eigenschaften wie Wille, Fleiß und Ausdauer intellektuelle Schwächen ausgleichen, oder

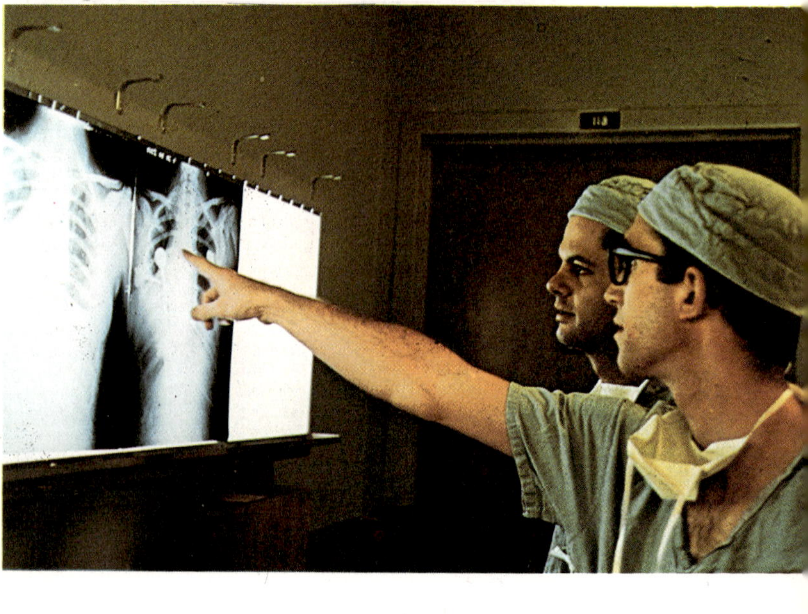

Der Intelligenzquotient ist für die Ausübung des einen oder anderen Berufes nicht ausschlaggebend. In vielen Fällen geschieht die Auswahl eher nach soziokulturellen Gesichtspunkten.

sei es, weil der soziale Status seiner Familie, seine Beziehungen, das Geld oder das Glück es ihm ermöglicht haben. Auf der anderen Seite kann jemand, der viel intelligenter ist, an einem Platz stehen, an dem er seine Fähigkeiten nicht voll ausnutzen kann, entweder aus gegenteiligen Gründen wie im ersten Fall oder weil der Beruf trotzdem mehr seinen Neigungen entspricht.»

Die künstliche Sprache Wenn die Schule ihre Auswahl nicht nach dem IQ vornimmt – bei gleichem IQ entwickeln sich die Klassen in soziokultureller Hinsicht unterschiedlich –, dann muß man nach den Faktoren suchen, die in der Schule die einen Schichten begünstigen und die anderen benachteiligen.

Folgende Faktoren lassen sich aufzeigen:

Unterschiede in der verbalen Ausdrucksfähigkeit und dem, jeweils abhängig vom soziokulturellen Milieu, verschiedenartigen Wortschatz.

Die Intelligenz braucht, um sich richtig entfalten zu können, eine Reihe verschiedener Instrumente: unter anderem die Sprache, die Orientierung im Raum und die motorischen Fähigkeiten.

Die Schule – so heißt es – legt außerordentlichen Wert auf die Sprache. Nicht nur, daß Sprache den Vorrang hat, es handelt sich hierbei auch noch um eine besondere Art von Sprache: die, die in den sogenannten «kultivierten» Kreisen gesprochen wird. Es kommt der Schule nicht darauf an, dem Kind die Sprache als ein Mittel zur Kommunikation zu vermitteln, damit es ausdrücken kann, was es sagen will, sondern vielmehr darauf, daß es dabei bestimmte vorgegebene Regeln und Raster befolgt, die weniger die Freiheit des Kindes und seine Ursprünglichkeit des Ausdrucks respektieren, sondern Abbilder der kulturellen Normen sind.

In diesem Zusammenhang sind die Untersuchungen der französischen Organisation CRESAS, einer Abteilung des Französischen Instituts für Pädagogische Forschung, von Bedeutung. Die Intelligenzfaktoren, die nicht sprachlichen Ursprungs sind, werden von der Schule nicht beachtet oder für minderwertig gehalten. Einen Lehrer beeindruckt es herzlich wenig, wenn einer seiner Schüler außerordentlich fähig in Leibesübungen, vielleicht sogar ein potentieller Künstler ist, oder daß er auf manuellem Gebiet nicht alltägliche Fähigkeiten zeigt oder sich mit Problemen der Gesellschaft oder des Alltags besonders intensiv auseinandersetzt.

«Die Erziehungssoziologie vergißt viel zu oft, daß in vielen sozialen Konstellationen die Vermittlung von Wissen auch von der Art und Weise abhängt, wie dies geschieht: in solchen Fällen ist das Verhältnis zwischen Lehrendem und Lernenden nicht ein Lehrer-Schüler-, sondern ein Meister-Lehrling-Verhältnis.» G. Lapassade, R. Lourau

Wichtig ist in allen Fällen, daß das Instrument Sprache mit besonderem Geschick gehandhabt wird.

Alles andere wird unwichtig, solange der Schüler nicht die abstrakte Sprache und abstrakte Begriffe wie selbstverständlich benutzt, auch wenn dies nicht seiner wahren Sicht der Dinge entspricht.

Ein weiterer Faktor ist die Überlieferung der Kenntnisse durch Beispiele, die nur dem Erfahrungsbereich bestimmter sozialer Schichten und nicht dem aller Kinder entnommen sind.

Eine dringende Forderung: bessere Schulbücher Hier konzentriert sich die Kritik insbesondere auf die angebotenen Lese- und Schreibtexte, die von der Lebensrealität der Kinder weit entfernt sind. Auch die Rechenaufgaben entsprechen keineswegs der Realität der Kinder. Entweder sind sie unzeitgemäß oder sie entsprechen nur der Wirklichkeit bestimmter Kinder. Das Ziel eines Beispiels liegt doch darin, einem Kind zu helfen – ausgehend von seinen konkreten Erfahrungen –, seinen Erfahrungsbereich zu erweitern. Diesbezüglich unterstreicht die UNESCO die Notwendigkeit, immer und in jedem Fall von der konkreten Wirklichkeit der Kinder auszugehen.

Dieses Phänomen bei Lehrbüchern, den soziokulturellen Hintergrund der Kinder nicht zu berücksichtigen, wird noch schwerwiegendere Auswirkungen dort haben, wo zwei Sprachen nebeneinander bestehen: die offizielle, die auch in der Schule unterrichtet wird, und die Volkssprache, die vor allem in der Familie und der weiteren Umwelt verwurzelt ist.

Schule und Elternhaus Der dritte Faktor liegt in der Gleichgültigkeit gegenüber den Beziehungen zwischen Schule und Familie, die entsprechend dem soziokulturellen Milieu jeweils anders sind.

Die Schule ist für die Kinder der soziokulturell begünstigten Familien eine Art Fortsetzung der Familie. Von klein auf beginnt das Kind zu malen oder das Schreiben nachzumachen, ein Verhalten, das von den Eltern weitgehend verstärkt wird, indem sie das Kind loben und ihm weitere Anreize bieten. Das Kind erlebt zu Hause, daß Zeitungen und Bücher gelesen werden, und es will seine Eltern nachahmen, ein natürliches Verhalten, das bereits erforscht worden ist. Es will «erwachsen sein». «Erwachsen sein» heißt aber lesen, ins Kino gehen, Dinge tun, die man bei den Eltern sieht. Somit wird die Schule zur Fortsetzung der häuslichen Atmosphäre und eine Gelegenheit, sich mit den Erwachsenen zu identifizieren.

Bei Kindern aus Arbeiterfamilien oder einer ländlichen Umgebung ist die Trennung zwischen Familienleben und Schule sehr groß, und von daher haben die Kinder schon eine andere Motivation gegenüber der Schule. Genau das ignoriert die Schule.

Ein Kind muß gerade beim Erlernen geistiger Bildungsinhalte (z. B. Lesen und Schreiben) wenigstens in den Pausen seine motorischen Bedürfnisse befriedigen können.

Andererseits finden die Kinder einiger soziokulturellen Schichten in der Familie die notwendige Hilfe bei den Hausaufgaben und bekommen zusätzlichen Unterricht, wenn sie in der Schule nicht folgen können, das heißt, sie werden besonders gefördert. Das ist in anderen Milieus nicht der Fall, denn die Eltern sind auf Grund mangelnder Bildung nicht in der Lage, ihren Kindern derartige Hilfestellungen zu geben. Außerdem kommt noch hinzu, daß das Kind – besonders in ländlichen Gegenden – neben der Bewältigung seiner Hausaufgaben auch oft noch im Haushalt helfen muß.

Schulkarrieren als Klassenschicksale Die Haltung der Eltern der Schule gegenüber hängt weitgehend vom soziokulturellen Milieu ab. Gehören sie einer höheren Schicht an, fühlen sich die Eltern ‹unter Gleichen›, wenn sie mit der Schule in Kontakt kommen. Wenn das Kind in der Schule nicht so recht vorankommt, dann können sich die Eltern mit dem Lehrer in Verbindung setzen, mit ihm sprechen, denn er gehört ja zumindest der gleichen intellektuellen Schicht an . . ., wenn nicht einer geringeren. Das läßt sich von Eltern zum Beispiel aus der Arbeiterschicht nicht sagen. Wenn das Kind in der Schule nicht mitkommt, mit welchen Argumenten können sie den Lehrer auffordern, ihrem Kind mehr zu helfen? Er besitzt ja das Wissen, das den Eltern fehlt, und deshalb haben sie sich seiner Meinung und seinem Urteil zu fügen, ohne überhaupt die Möglichkeit zu haben, das Kind auf eine andere Schule zu schicken. Nur so kann eine gewisse «Verwahrlosung» seitens der Eltern bestimmter sozialer Schichten erklärt werden, über die die Lehrer sich so häufig beklagen.

Das, was die Eltern für ihre Kinder in bezug auf Schulbildung anstreben, ist nicht überall gleich. Ein Intellektueller wird versuchen, seinem Kind zu einem ähnlichen Beruf zu verhelfen, hoffen, daß er die Universität besucht, und ihn dazu ermutigen beziehungsweise unterstützen.

Dieses Ziel ist in einem Arbeitermilieu ungleich schwerer zu erreichen. Auch wenn das Kind eine «außerordentliche Begabung» zeigt, benötigt die Familie im allgemeinen das Geld, das es – so schnell wie möglich – verdienen soll, und verfügt nicht über die nötigen Mittel, diesem «begabten» Kind eine höhere Ausbildung zu finanzieren.

Zusammengefaßt bedeutet dies, daß die Erwartungen der Eltern sich nach den verfügbaren finanziellen Mitteln richten. Und diese Erwartungen machen sich in der Motivation der Kinder gegenüber der Schule bemerkbar, denn für die einen ist sie der Ort, an dem der Zugang zu anderen Studiengängen vorbereitet wird, für die anderen eine Zeit, die vergehen muß, aber nicht verlängert werden kann.

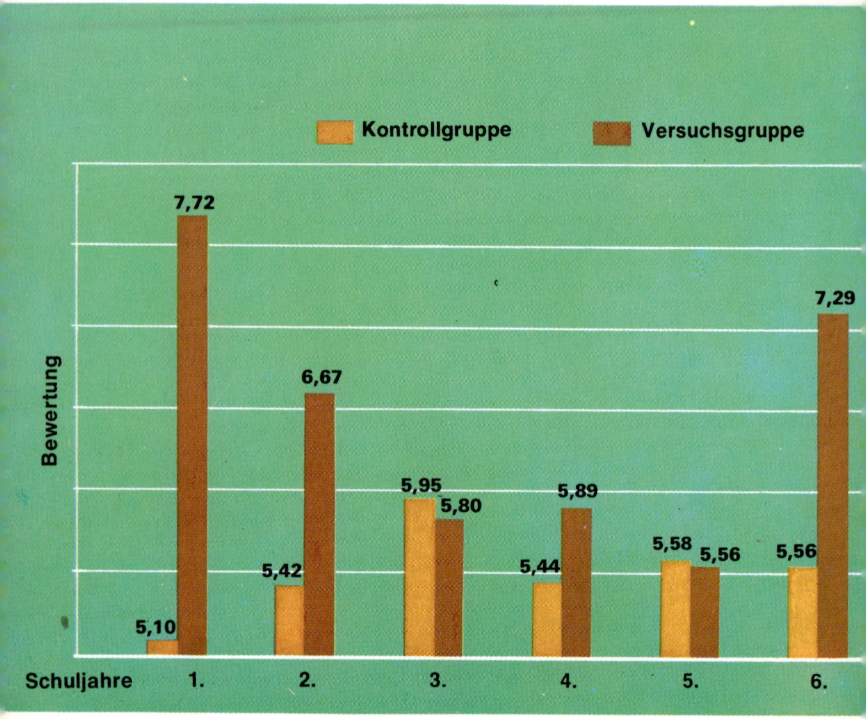

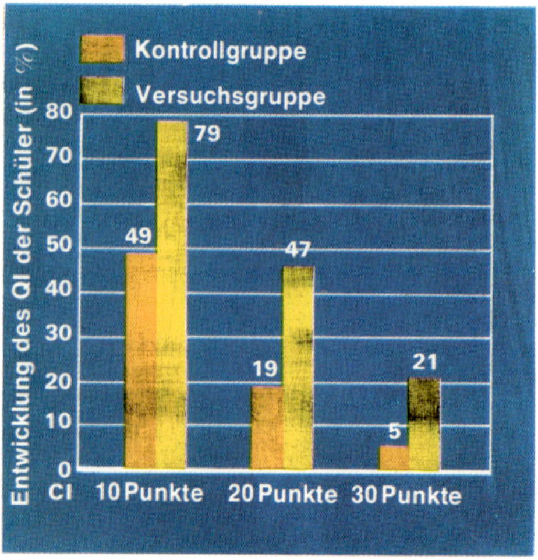

Die Schaubilder auf diesen Seiten verdeutlichen die Untersuchungen von Rosenthal und Jacobson (siehe auch Text S. 108).

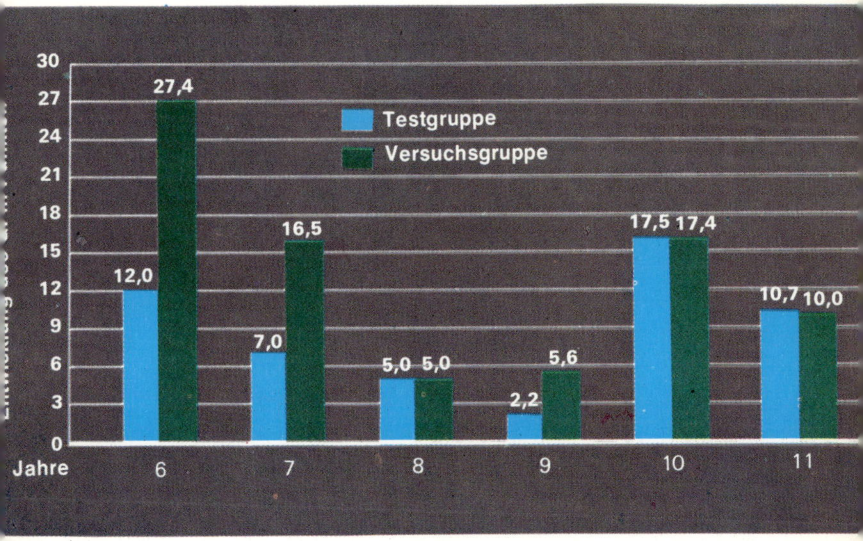

Ist die Lehrerausbildung qualifiziert genug? Die Nicht-Anpassung der Schule an die tatsächliche intellektuelle Entwicklung des Kindes sowie die Unkenntnis über die Phasen dieser intellektuellen und persönlichen Entwicklung sind bedeutende Mängel in der Erziehung.

B. F. Skinner hat darauf hingewiesen, daß in allen anderen wissenschaftlichen Bereichen die Zeitabschnitte zwischen jeweils neuen Erkenntnissen relativ kurz sind, daß aber in der Erziehung eine Spanne von 20 Jahren eine Entdeckung und deren Anwendung voneinander trennt.

Ebenso wird darauf hingewiesen, daß die Schule gewisse kleinere Störungen, des Raumempfindens, des Zeitgefühls, von Rhythmus und Sprache, welche den Erwerb von Grundkenntnissen erschweren, wie zum Beispiel Lesen und Schreiben, ignoriert, denn das einzige was sie interessiert, ist das Gesamtergebnis. Wenn das Kind nicht lernt, dann ist es eben unbegabt. Das Kind wird entweder dieses Urteil akzeptieren oder mit aggressivem Verhalten reagieren, was seine Situation nur noch verschlimmert. Auch auf diesem Gebiet haben die Psychologen noch ein weiteres Aufgabenfeld vor sich: den Lehrern die Schwierigkeiten aufzeigen, die das Kind von klein auf schon hatte, mit den Lehrern zusammenarbeiten und sich bemühen, gemeinsam diese Schwierigkeiten auszuräumen.

Die Rolle der Lehrer Im Rahmen dieser Kritik an der Schule hat man auch die Rolle des Lehrers untersucht.

Die Erwartungen des Lehrers an den Schüler beeinflussen in gewisser Hinsicht sein Verhalten und sind einer der Faktoren, die an den guten oder schlechten Ergebnissen der Kinder beteiligt sind. Rosenthal und Jacobson haben den Einfluß dieses Faktors anhand des folgenden Experiments herauszufinden versucht: Einer bestimmten Gruppe von Lehrern wurde erzählt, daß ihre Schüler sogenannte «Senkrechtstarter» seien und man von ihnen also ausgezeichnete Leistungen erwarten könnte. Die Kinder aber waren nach dem Random-Prinzip ausgewählt worden und unterschieden sich durch nichts von den anderen aus der Klasse.

Die Ergebnisse dieses Versuchs waren sehr aufschlußreich (vgl. Schaubild auf Seite 106), insbesondere was die jüngeren Kinder betrifft. Diejenigen, von denen die Lehrer bessere Ergebnisse erwarteten, erhielten tatsächlich eine höhere IQ-Zahl.

Nicht nur was den IQ betrifft, wurden diese Kinder von ihren Lehrern anders bewertet. So glaubten sie zum Beispiel festgestellt zu haben, daß die 6-, 7- und 11jährigen Kinder einen größeren Wissensdrang hatten als deren Mitschüler. Daß dieses Phänomen nicht in allen Altersstufen auftauchte, erklärt Rosenthal anhand zweier Faktoren, die eine Rolle gespielt haben könnten: Das Alter der Kinder und der bestehende Unterschied zwischen den Lehrern. Tatsache ist, daß in einigen Klassen die Lehrer die Schüler stärker gefördert haben, weil sie – so Rosenthal – «an sie geglaubt haben».

Die Interpretationen dieser Feststellungen liegen auf mehreren Ebenen. Man kann zunächst annehmen, daß ein Lehrer, der einen Schüler für intelligent hält, nicht zögern wird, ihm die Dinge wiederholt zu erklären – falls er zum Beispiel Schwächen zeigt –, und ohnehin größere Toleranz und Gutmütigkeit gegenüber den Verständnisschwierigkeiten dieses Schülers zeigen wird. Auch wenn der Lehrer einen Schüler einer Extragruppe zuteilt, dies aber nur tut, weil er den Schüler für unfähig hält: Kinder merken solche Unterschiede sofort. Dieser Schüler wird an ein Selbstbild glauben, das seine Schwäche «bestätigt» und das er nur schwer wird verändern können. Auf einer zweiten Ebene kann man diese Unterschiede darauf zurückführen, daß es mehr Kontakte zwischen Lehrer und Schüler gibt, wenn der Lehrer an seinen Schüler «glaubt», als wenn er ohnehin davon ausgeht, daß ein erneuter Versuch fruchtlos bleibt.

Auch Kinder, die für «begabt» gehalten werden, werden von den Lehrern häufiger aufgerufen als jene, von denen er nur schwache Antworten erwartet. Denn auch Lehrer brauchen Bestätigung, und es ist angenehmer, sich verstanden zu wissen, als sich mühsam verständlich machen zu müssen. Daher fragt der Lehrer unbewußt häufiger jene Schüler, die vermutlich eine zufriedenstellende Antwort geben und ihn somit bestätigen werden, als jene, die durch eine falsche Antwort seine Erfolgserlebnisse in Frage stellen.

Das zumindest scheinen Leroy und andere Wissenschaftler des CRESAS in Frankreich bestätigt gefunden zu haben. Das erstaunlichste dabei ist, daß die Lehrer völlig überrascht waren, als man ihnen die Ergebnisse der Untersuchung mitteilte, an der sie ja mitgewirkt hatten, denn sie waren sich des Unterschieds in der Behandlung der einen und der anderen Gruppe von Kindern nicht bewußt geworden. Die Kinder, die das Lesen und Schreiben schneller gelernt hatten, waren auch jene gewesen, die der Lehrer häufiger hatte aktiv am Unterricht teilnehmen lassen. Außerdem gehörten diese Kinder den soziokulturell «höheren» Schichten an.

Die dritte Beziehungsebene sieht Rosenthal in der Gestik und Mimik des Lehrers gegenüber den Schülern, die von einem zum anderen verschieden ist. Dieser Faktor ist aber noch nicht hinreichend von den Psychologen untersucht worden.

Von einem psychopädagogischen Standpunkt aus gesehen kann man die Kritik an der Schule in zwei Hauptkriterien zusammenfassen:

Die eine Kritik geht davon aus, daß man die *Schule* anhand pädagogischer Reformen grundlegend verändern sollte. Diese Veränderungen müßten aber eine solide Grundlage haben, an der sich Lehrer, Psychologen und Soziologen beteiligen müßten.

Die zweite Richtung faßt die Meinungen all jener zusammen, die keine Veränderungschance für die Schule unter den gegebenen sozialen Umständen sehen, für die vielmehr eine Veränderung der Gesellschaftsstruktur die einzige Möglichkeit ist, die Schule gründlich zu verändern. Ihrer Meinung nach ist die Schule nichts anderes als ein Produkt der Ideologie dominierender Schichten, die die Schule als Instrument in ihren Diensten betrachten und darin nicht ein Recht der Bevölkerung sehen.

Unter derart ungünstigen Bedingungen, wie sie in unseren modernen Industriegesellschaften vorherrschen, in denen der Mensch den Institutionen dient und nicht die Institutionen im Dienste der Menschen stehen, muß man erwarten, daß sich die sozialpolitischen Konflikte noch weiter verschärfen werden.

Erklärung der im Text mit * gekennzeichneten Begriffe

ANTIGENE: Allgemeiner Begriff zur Kennzeichnung all jener Substanzen, die im Körper zur Bildung von Antikörpern beitragen. Das sind Bakterien, deren Giftstoffe, organische Zellen usw.

KRETINISMUS: Angeborene Geistesschwäche, die auf das Fehlen oder Nicht-Funktionieren der Schilddrüse zurückzuführen ist. Menschen, die an dieser Krankheit leiden, zeichnen sich durch Stillstand der physischen und psychischen Entwicklung und durch Mißbildungen des Körpers aus.

CHROMOSOME: Die Chromosomen sind die bei der Kernteilung in den Zellen der Lebewesen auftretenden Teilstücke der Zellkernmasse oder auch Chromatine. Diese Teilstücke, die für jede Art in Zahl und Form gleichbleibend sind, sind Träger von Erbanlagen. Die Anzahl der Chromosomen beim Menschen beträgt zum Beispiel 46.

EMPATHIE: Fähigkeit, durch den Vorgang der Identifikation fremde Empfindungen nachzuvollziehen und zu verstehen.

ENZYME: Gruppe von Proteinen, die den Stoffwechsel der Lebewesen steuern.

PHÄNOTYPUS: Bezeichnung für die Gesamtheit aller in Erscheinung tretenden Anlage- und Erbfaktoren eines Lebewesens.

GAMETOGENESE: Entwicklung der Geschlechtsmerkmale.

GENETIK: Wissenschaft, die sich mit der Vererbungsforschung befaßt. Sie erfaßt die Reproduktion, Vererbung, Veränderung und sonstige Phänomene der Nachkommenschaft.

HYPOPHYSE: Hirnanhangdrüse, eine endokrine Drüse am Boden des Zwischenhirns, deren Aufgabe in der Regulierung eines großen Teils der Funktionen des Körpers ist. Darunter fallen unter anderem das Wachstum, die Entwicklung, die Sexualität und der Stoffwechsel.

IMBEZILITÄT: Bezeichnung für eine leichtere Form des angeborenen oder ererbten Schwachsinns.

MILIEUTHEORIE: Nach ihr wird das menschliche Verhalten, und damit auch individuelle Entwicklungsprozesse, fast ausschließlich durch den Einfluß der Umwelt geformt, das heißt durch soziale und kulturelle Faktoren im Gegensatz zu den «angeborenen».

POPULATION: Statistische Bezeichnung für die Gesamtheit aller denkbaren Merkmalsträger, aus der eine repräsentative Stichprobe gezogen wird. Im allgemeinen besitzen alle Elemente einer Population die gleichen Merkmale, die als Ausgangspunkt für eine Untersuchung dienen.

Literaturhinweise

Allgemein

Guilford, J. P. und R. Hoepfner: Analyse der Intelligenz. (Beltz Monographien) Beltz Verlag, Weinheim 1976

Mandl, H. und A. Zimmermann: Intelligenzdifferenzierung. (Kohlhammer Standards Psychologie) W. Kohlhammer Verlag, Stuttgart 1975

Piaget, J. und B. Inhelder: Gedächtnis und Intelligenz. Walter Verlag, Freiburg 1974

Roth, E., W. D. Oswald und K. Daumenlang: Intelligenz. Aspekte, Probleme, Perspektiven. (Urban-Bücher, 144) W. Kohlhammer Verlag, Stuttgart 1975

Zimmer, D. E.: Der Streit um die Intelligenz. IQ, ererbt oder erworben? (Reihe Hanser, 192) Hanser Verlag, München 1975

Denken und Sprache

Furth, H. G.: Denkprozesse ohne Sprache. (Sprache und Lernen, 20) Schwann Verlag, Düsseldorf 1972

Furth, H. G.: Intelligenz und Erkennen. Die Grundlagen der genetischen Erkenntnistheorie Piagets. (stw, 1607) Suhrkamp-Verlag, Frankfurt/M. 1976

Guilford, J. P.: Persönlichkeit. Logik, Methodik und Ergebnisse ihrer quantitativen Erforschung. Beltz Verlag, Weinheim 1974

Gumperz, J. J.: Sprache, lokale Kultur und soziale Identität. Theoretische Beiträge und Fallstudien. (Sprache und Lernen, 48) Schwann Verlag, Düsseldorf 1975

Lawton, D.: Soziale Klasse, Sprache und Erziehung. (Sprache und Lernen, 8) Schwann Verlag, Düsseldorf 1973

Piaget, J. und B. Inhelder: Die Entwicklung der elementaren logischen Strukturen. Bd. I und II. (Sprache und Lernen, 32 und 33) Schwann Verlag, Düsseldorf 1973

Piaget, J.: Die Entwicklung des Erkennens. Bd. I. Das mathematische Denken. Bd. II. Das physikalische Denken. Bd. III. Das biologische Denken. Das psychologische Denken. Das soziologische Denken. E. Klett Verlag, Stuttgart 1972, 1973 und 1973.

Schaff, A.: Sprache und Erkenntnis und Essays über die Philosophie der Sprache. (rororo studium, 18) Rowohlt Taschenbuch Verlag, Reinbek bei Hamburg 1974

Lernfähigkeit und Umwelt

Dietrich, K.: Intelligenz läßt sich lernen. Was Eltern über die geistige Entwicklung ihrer Kinder wissen müssen. (Klett Extra für Eltern) E. Klett Verlag, Stuttgart 1972

Dobzhansky, T.: Intelligenz, Vererbung und Umwelt. (dtv-Wissenschaftliche Reihe, 4170) Deutscher Taschenbuch Verlag, München 1975

Entwicklung der Lernfähigkeit in der sozialen Umwelt. (Geist und Psyche, 2176) Kindler Verlag, München 1976

Eysenck, H. J.: Vererbung, Intelligenz und Erziehung. Zur Kritik der pädagogischen Milieutheorie. Seewald Verlag, Stuttgart 1975

Getman, G. N.: Intelligente Kinder durch Erziehung. (Studien zur Kinderforschung und Erziehungshilfe, 2) Hyperion Verlag, Freiburg 1967

Mager, R. F. und P. Pipe: Verhalten, Lernen, Umwelt oder Du solltest Dir wirklich mehr Mühe geben. (Beltz Bibliothek, 27) Beltz Verlag, Weinheim 1973

Ott, E.: Vom Spielen zum Lernen. Vorschulische Intelligenzförderung. (rororo sachbuch, 6801) Rowohlt Taschenbuch Verlag, Reinbek bei Hamburg 1973
Piaget, J.: Das Erwachen der Intelligenz beim Kinde. (Erziehungswissenschaftliche Bücher) E. Klett Verlag, Stuttgart 1973
Skowronek, H. (Hg.): Umwelt und Begabung. (Konzepte der Humanwissenschaften) E. Klett Verlag, Stuttgart 1973
Stuckenhoff, W.: Spiel, Persönlichkeit und Intelligenz. Anleitung zum intelligenzfördernden Einsatz von Spiel, Spielmaterialien und Rollenspiel bei Kindern. Otto Maier Verlag, Ravensburg 1975
Trudewind, C.: Häusliche Umwelt und Motiventwicklung. Verlag Psychologie, Göttingen 1974
Wasna, M.: Motivation, Intelligenz und Lernerfolg. Kösel Verlag, München o. J.

Das menschliche Gehirn

Glees, P.: Das menschliche Gehirn. Evolution, Bau und Arbeitsweise. Hippokrates Verlag, Stuttgart 1971
Kurzrock, R. (Hg.): Das menschliche Gehirn. (Forschung und Information, 19) Colloquium Verlag, Berlin 1975
Vester, F.: Denken, Lernen, Vergessen. Was geht in unserem Kopf vor, wie lernt das Gehirn, und wann läßt es uns im Stich? (dva Öffentliche Wissenschaft) Deutsche Verlags-Anstalt, Stuttgart 1975
Wooldridge, D. E.: Mechanik der Gehirnvorgänge. (Scientia Nova) Oldenbourg Verlag, München 1967

Psychologie

Piaget, J.: Biologische Anpassung der Lebewesen und Psychologie der Intelligenz. (Konzepte der Humanwissenschaften) E. Klett Verlag, Stuttgart 1975
Piaget, J.: Psychologie der Intelligenz. (Geist und Psyche, 2167) Kindler Verlag, München 1976
Hofstätter, P. R.: Differentielle Psychologie. (KTA, 403) Kröner Verlag, Stuttgart 1971

Test und Training

Eysenck, H. J.: Intelligenztest. (rororo sachbuch, 6878) Rowohlt Taschenbuch Verlag, Reinbek bei Hamburg 1974
Kirst, W. und U. Diekmeyer: Creativitätstraining. Die Technik kreativen Verhaltens und produktiver Denkstrategien. (rororo sachbuch, 6827) Rowohlt Taschenbuch Verlag, Reinbek bei Hamburg 1973
Kirst, W. und U. Diekmeyer: Intelligenztraining. Denkspots und Lernimpulse, die alle geistigen Fähigkeiten anregen und fördern. (rororo sachbuch, 6711) Rowohlt Taschenbuch Verlag, Reinbek bei Hamburg 1972
Lauster, P.: Teste Deine Intelligenz. (Humboldt-TB, 225) Humboldt Taschenbuch Verlag, München 1974
Liungman, C. G.: Der Intelligenzkult. Eine Kritik des Intelligenzbegriffs und der IQ-Messung. (rororo sachbuch, 6792) Rowohlt Taschenbuch Verlag, Reinbek bei Hamburg 1973
Ott, E.: Optimales Denken. Trainingsprogramm. (rororo sachbuch, 6836) Rowohlt Taschenbuch Verlag, Reinbek bei Hamburg 1973

Sachwortregister

Personennamenregister

755/1

756/5

rororo sachbücher

Archäologie / Kultur- und Zeitgeschichte

LARRY COLLINS / DOMINIQUE LAPIÈRRE
O Jerusalem [6918]

GEOFFREY BIBBY
Faustkeil und Bronzeschwert. Erforschung der Frühzeit des europäischen Nordens. Mit über 100 Abb. im Text und auf Tafeln [6718]
Als Troja brannte und Babylon fiel Das mythische Zeitalter unserer Kultur [6784]

C. W. CERAM
Enge Schlucht und Schwarzer Berg Entdeckung des Hethiter-Reiches. Mit über 100 Abb. im Text und auf Kunstdrucktafeln [6627]
Götter, Gräber und Gelehrte im Bild mit 310 Abb. [6725]
Götter, Gräber und Gelehrte. Roman der Archäologie. Mit 51 Abb. u. 4 Karten [6790]
Ruhmestaten der Archäologie [6902]

NIGEL DAVIES
Die Azteken. Meister der Staatskunst – Schöpfer hoher Kultur [6950]

GERHARD HERM
Die Phönizier. Das Purpurreich der Antike. Mit 35 Abb. im Text u. auf 16 Tafeln [6909]

PAUL HERRMANN
7 vorbei und 8 verweht. Das Abenteuer der frühen Entdeckungen. Mit über 100 Karten und Abb. [6646]

THOR HEYERDAHL
Expedition Ra. Mit dem Sonnenboot in die Vergangenheit. Mit 20 Abb. auf 16 Kunstdruck-Taf. [6863]

WERNER KELLER
Und die Bibel hat doch recht. Forscher beweisen die historische Wahrheit. Mit 134 Abb. im Text und auf Kunstdrucktafeln [6614]
Und die Bibel hat doch recht in Bildern. Mit 326 Abb. im Text [6914]

GERHARD KONZELMANN
Die Reichen aus dem Morgenland. Wirtschaftsmacht Arabien [6977]

ALAIN PEYREFITTE
Wenn sich China erhebt [6975]

HUGO PORTISCH
So sah ich Sibirien. Europa hinter dem Ural. Mit 191 teils mehrfarbigen Abb. im Text und auf Kunstdrucktafeln [6673]

HERBERT WENDT
Ich suchte Adam. Die Entdeckung des Menschen. Neu durchgesehene und erweiterte Ausgabe. Mit 93 Abb. im Text und auf Kunstdrucktafeln [6631]

Natur und Wissenschaft

Prof. Dr. HANS BENDER
Unser sechster Sinn. Telepathie, Hellsehen, Spuk. Mit 99 Abb., davon 44 mehrfarb. [6796]

WERNER BRAUNBECK
Neue Physik. Die Revolutionierung des physikalischen Weltbildes [6898]

NIGEL CALDER
Erde – ruheloser Planet. Die Revolution der modernen Erdwissenschaft [6859]
Das Lebensspiel. Die Evolution im Licht der modernen Biologie [6945]
Die Wettermaschine [7057]

HOIMAR VON DITFURTH
Zusammenhänge. Gedanken zu einem naturwissenschaftlichen Weltbild [7053]

VITUS B. DRÖSCHER
Die freundliche Bestie. Forschungen über das Tier-Verhalten [6845]
Sie töten und sie lieben sich [6998]

HANS W. FRICKE
Korallenmeer. Verhaltensforschung am tropischen Riff. Einführung: Irenäus Eibl-Eibesfeldt. Mit 66 farb. Abb. [6910]

KARL VON FRISCH
Zwölf kleine Hausgenossen [6966]

HEINZ HABER
Unser blauer Planet. Die Entwicklungsgeschichte der Erde. Mit 49 mehrfarb. und 16 einfarb. Abb. [6609]
Der Stoff der Schöpfung. Mit 56 mehrfarb. und 20 einfarb. Abb. [6625]
Der offene Himmel. Eine moderne Astronomie. Mit 54 mehrfarb. und 18 einfarb. Abb. [6691]

rororo sachbücher

Brüder im All. Von der Möglichkeit kosmischen Lebens. Mit 65 meist mehrfarb. Abb. [6720]

Unser Wetter. Einführung in die moderne Meteorologie. Mit 68 meist mehrfarb. Abb. [6831]

Stirbt unser blauer Planet? [6924]

EGMONT R. KOCH / WOLFGANG KESSLER
Menschen nach Maß. Manipulation der Erbanlagen – Eingriff in das Gehirn [6970]

ERWIN LAUSCH
Manipulation. Der Griff nach dem Gehirn. Methoden, Resultate, Konsequenzen der Gehirnforschung [6876]

JANE VAN LAWICK-GOODALL
Wilde Schimpansen. 10 Jahre Verhaltensforschung am Gombe-Strom. Fotos von Hugo van Lawick [6920]

JÜRGEN NICOLAI
Vogelleben. Einführung: Konrad Lorenz. Mit 60 farb. Abb. [6935]

BERTRAND RUSSELL
Das ABC der Relativitätstheorie [6787]

HORST STERN
Bemerkungen über Pferde. Mit 126 ein- und mehrfarb. Abb. [6841]

Bemerkungen über Hunde. Mit 92 ein- und mehrfarb. Abb [6855]

Bemerkungen über Bienen. Mit 73 mehrfarb. Abb. [6881]

Mut zum Widerspruch. Reden und Aufsätze [6974]

NIKO TINBERGEN
Tierbeobachtungen zwischen Arktis und Afrika. Forscherfreuden in freier Natur. Geleitwort von Konrad Lorenz. Mit 80 Abb. im Text und auf Tafeln [6822]

JAMES D. WATSON
Die Doppel-Helix. Ein persönlicher Bericht über die Entdeckung der DNS-Struktur. Einführung: Prof. Dr. Heinz Haber. Mit 32 Abb. und schemat. Darstellungen [6803]

KLAUS ZEEB. Pferde dressiert von Fredy Knie. Eine Verhaltensstudie [6929]

Kritische Information / Gesellschaftliche Alternativen

CARL AMERY
Das Ende der Vorsehung. Die gnadenlosen Folgen des Christentums [6874]

RUDOLF AUGSTEIN
Jesus Menschensohn [6866]

SIMONE DE BEAUVOIR
Das andere Geschlecht. Sitte und Sexus der Frau. Ungek. Ausg. [6621]

JOHN BERGER
Sehen. Das Bild der Welt in der Bilderwelt. Mit 250 Abb. im Text [6868]

JOHN BERGER / JEAN MOHR
Arbeitsemigranten. Erfahrungen, Bilder, Analysen [6946]

PETER L. und BRIGITTE BERGER
Wir und die Gesellschaft. Eine Einführung in die Soziologie – entwickelt an der Alltagserfahrung [6955]

ERNST HEINRICH VON BERNEWITZ / KONRAD VON BONIN
Das Grundgesetz verstehen [6995]

PHYLLIS CHESLER
Frauen – das verrückte Geschlecht? [7063]

ULRICH CONRADS
Umwelt Stadt. Argumente und Lehrbeispiele für eine humane Architektur [6885]

MANFRED DELLING
Bonanza & Co. Fernsehen als Unterhaltung und Politik. Eine kritische Bestandsaufnahme [6969]

KARLHEINZ DESCHNER
Abermals krähte der Hahn. Eine Demaskierung des Christentums [6788]

BERNT ENGELMANN / GÜNTER WALLRAFF
Ihr da oben – wir da unten [6990]

BETTY FRIEDAN
Der Weiblichkeitswahn oder Die Selbstbefreiung der Frau. Ein Emanzipationskonzept [6721]

ERICH FROMM
Die Revolution der Hoffnung. Für eine humanisierte Technik [6887]

Anatomie der menschlichen Destruktivität [7052]

ALLAN FROMME
Der Sexual-Report. Mit 41 mehrfarbigen und 28 einfarbigen Abb. [6662]

ROGER GARAUDY
Die Alternative. Ein neues Modell der Gesellschaft jenseits von Kapitalismus und Kommunismus [6886]

FRIEDRICH HACKER
Aggression. Die Brutalisierung der modernen Welt [6807]

Terror. Mythos, Realität, Analyse [6928]

GERD HENNENHOFER / JÜRGEN KAMM
Comeback für Hausfrauen [7054]

rororo sachbücher

JOSHUA S. HORN
Arzt in China. Medizin und Menschlichkeit nach der Revolution [6915]

INFLATION. Das farbige Bildsachbuch zu Themen der Zeit [7065]

DAVID JENKINS
Job Power. Demokratie im Betrieb [6913]

MICHAEL JUNGBLUT
Die Reichen und die Superreichen in Deutschland [6818]

ROBERT JUNGK
Heller als tausend Sonnen. Das Schicksal der Atomforscher [6629]

Die Zukunft hat schon begonnen
Amerikas Allmacht und Ohnmacht [6653]

Der Jahrtausendmensch. Bericht aus den Werkstätten der neuen Gesellschaft [6967]

HERMAN KAHN
Angriff auf die Zukunft. Die 70er und die 80er Jahre: So werden wir leben [6893]

HERMAN KAHN / ANTHONY J. WIENER
Ihr werdet es erleben. Voraussagen der Wissenschaft bis zum Jahre 2000. Mit 16 Abb. u. 62 Tabellen [6677]

PETER KUNTZE
China die konkrete Utopie [6890]

CHARLES LEVINSON
Wirtschaftskrise und multinationale Konzerne. Die Hintergründe der Energiepanik [6880]

CARL G. LIUNGMAN
Sozialprodukt Geisteskrankheit [6862]

REGINE LORENZ / RAINER MOLZAHN / FRAUKE TEEGEN
Verhaltensänderung in der Schule. Systematisches Anleitungsprogramm für Lehrer. Verhaltensprobleme erkennen und lösen [6983]

ANGELA BARRON McBRIDE
Das normalverrückte Dasein als Hausfrau und Mutter. Befreiung von der Mutter-Ideologie [6962]

DENNIS L. und DONELLA MEADOWS
Das globale Gleichgewicht. Modellstudien zur Wachstumskrise [6954]

DENNIS UND DONELLA MEADOWS / E. ZAHN / P. MILLING
Die Grenzen des Wachstums. Bericht des Club of Rome zur Lage der Menschheit [6825]

MIHAILO MESAROVIC / EDUARD PESTEL
Menschheit am Wendepunkt [6997]

WILLEM L. OLTMANS
«Grenzen des Wachstums». Pro und Contra [6879]

C. NORTHCOTE PARKINSON
Parkinsons Gesetz und andere Untersuchungen über die Verwaltung
Zeichnungen: Osbert Lancaster [6763]

Good-bye, Karl Marx [6808]

Das Mañana-Gesetz. Die Kunst, Entscheidungen auf die lange Bank zu schieben [6824]

FELIX R. PATURI
Der Rolltreppeneffekt oder Wie man mühelos nach oben kommt [6899]

AURELIO PECCEI / MANFRED SIEBKER **«Die Grenzen des Wachstums».** Fazit und Folgestudien. Der Club of Rome über Initiativen, Ergebnisse und Vorhaben bei der Erforschung der Weltproblematik [6905]

LAURENCE J. PETER & RAYMOND HULL
Das Peter-Prinzip oder Die Hierarchie der Unfähigen [6793]

HELGE PROSS
Die Wirklichkeit der Hausfrau. Die erste repräsentative Untersuchung über nichterwerbstätige Ehefrauen [6989]

BERTRAND RUSSELL
Warum ich kein Christ bin. Über Religion, Moral und Humanität. Von der Unfreiheit der Christenmenschen [6685]

ANTHONY SAMPSON
Weltmacht ITT. Die politischen Geschäfte eines multinationalen Konzerns [6937]

B. F. SKINNER
Futurum Zwei «Walden Two». Die Vision einer aggressionsfreien Gesellschaft [6791]

JOACHIM STEFFEN
Strukturelle Revolution. Von der Wertlosigkeit der Sachen [6976]

KARL STEINBUCH
Mensch Technik Zukunft. Probleme von morgen [6821]

GERHARD SZCZESNY (Hg.)
Die Antwort der Religionen: Eine Umfrage mit 31 Fragen bei «Glaubensfachleuten» der großen Bekenntnisgemeinschaften [6700]

Das sogenannte Gute. Vom Unvermögen der Ideologen [6872]

Marxismus – ernstgenommen. Ein Universalsystem auf dem Prüfstand der Wissenschaften [6933]

Die Disziplinierung der Demokratie [6956]

ALWIN TOFFLER
Die Grenzen der Krise [6992]

UMWELTSCHUTZ. Das farbige Bildsachbuch zu Themen der Zeit [7060]